KARRA ELOFF

Chronische Schmerzen – lebendige Partnerschaft

KARRA ELOFF

Chronische Schmerzen Lebendige Partnerschaft

Praktische Selbsthilfe
für eine starke und erfüllte
Paarbeziehung

Aus dem Englischen
von Ursula Bischoff

Aus Gründen der leichteren Lesbarkeit konnte eine gendergerechte Schreibweise nicht durchgängig eingehalten werden. Bei der Verwendung entsprechender geschlechtsspezifischer Begriffe sind im Sinne der Gleichbehandlung jedoch ausdrücklich alle Geschlechter angesprochen.

Die Originalausgabe erschien unter dem Titel »The Chronic Pain Couple. How to be a Joyful Partner & Have a Remarkable Relationship in Spite of Chronic Pain« bei Exisle Publishing Pty Ltd, East Gosford, Australien.

Penguin Random House Verlagsgruppe FSC® N001967

Redaktion: Dr. Diane Zilliges, Langenburg
Umschlag: FAVORITBUERO, München
Umschlagmotiv: Lana Brow / Shutterstock.com
Satz: Satzwerk Huber, Germering
Druck und Bindung: CPI books GmbH, Leck
Printed in Germany
ISBN 978-3-466-34812-1

www.koesel.de

Für meinen Mann Johann.

Danke, dass du mit mir gemeinsam daran geglaubt hast, dass noch einzigartige Dinge geschehen können.

Inhalt

Einführung 9

TEIL 1: SCHMERZEN

1 Eine starke und erfüllte Beziehung 17

2 Über den Schmerz 25

3 Meine Geschichte 35

4 Kommunikationshack #1:
Bedürfnisse zum Ausdruck bringen 42

5 Kommunikationshack #2:
Liebe zeigen 55

6 Kommunikationshack #3:
Konflikte zügig lösen 63

TEIL 2: VERBORGENER KUMMER

7 Zwei Seelenverwandte – Schmerzen und psychische Gesundheit 77

8 Trauma und chronische Schmerzen 85

9 Die Macht der negativen Gedanken 91

10 Kernüberzeugungen aufdecken 99

TEIL 3: MENTALE MEDIZIN

11 Selbstempathie 111

12 Eine andere Perspektive 121

13 Die andere Seite 135

14 Unterstützung in einer Partnerschaft 141

TEIL 4: SEXUALITÄT

15 Sex zählt 157
16 Das Problem mit der Libido 164
17 Wenn Sex schmerzhaft ist 176
18 Gemeinsam Veränderungen einleiten 184

TEIL 5: DIE NEUE NORMALITÄT

19 Die Reise zu einer neuen Normalität 195
20 Wendemanöver und Kurswechsel 203

Aufbruch zu neuen Ufern 213

Dank 216
Anmerkungen 218

Einführung

»Ich habe keine Ahnung, was mit ihr los ist!«, erklärte der Mann mit Tränen in den Augen und warf seiner Frau, die neben ihm saß, die Arme um den Körper geschlungen, einen raschen Blick von der Seite zu. »Sie ist nicht mehr so wie früher, so überschäumend vor Lebensfreude und Energie. Sie kann sich nicht einmal mehr dazu aufraffen, Zeit mit mir zu verbringen, und wir unterhalten uns kaum noch, weil sie andauernd Schmerzen hat. Und wenn wir doch mal miteinander reden, dann geht es immer nur um ihren Gesundheitszustand.«

Seine Frau kniff die Augen zu, doch das war die einzige Reaktion, die sie zu erkennen gab.

Eine Frau, die ihm gegenübersaß, ergriff das Wort. »Früher haben mein Mann und ich viel gemeinsam unternommen«, sagte sie mit leiser Stimme. »Heute ist sogar ein Restaurantbesuch schwierig geworden.«

Ein anderer Mann fiel ein: »Ich habe meinen Job aufgegeben, um meine Frau zu pflegen. Sie ist überempfindlich, ständig gereizt.« Er hielt inne, bevor er hinzufügte: »Unsere Beziehung war in dem Moment beendet, als sie krank wurde.«

Das sind einige der Kommentare, die ich an meinem ersten Abend als Co-Moderatorin in einer Selbsthilfegruppe für Paare zu hören bekam, deren Beziehung durch eine chronische Schmerzerkrankung belastet war. Alle wirkten bedrückt und erschöpft. Niemand saß nah neben dem Partner oder der Partnerin oder machte den Eindruck, als bestünde eine liebevolle Verbindung zum anderen. Kein einziges Paar hielt sich an den Händen.

Der Kampf, eine leidenschaftliche und erfüllende Beziehung trotz einer chronischen Schmerzerkrankung aufrechtzuerhalten, ist heute für unzählige Menschen ein schwerwiegendes Problem. Im Schnitt leidet in Australien inzwischen jeder fünfte Erwachsene unter chronischen Schmerzen. In der Gruppe der älteren Menschen ist sogar jede dritte Person betroffen.[1] (Für Deutschland gibt es keine differenzierten Statistiken hierzu, laut Deutsche Schmerzgesellschaft e. V. sind 8 bis 16 Millionen Menschen betroffen, also 10 bis 20 Prozent der Bevölkerung.[2] Anm. d. Übers.)

Chronische Schmerzen werden als anhaltende oder immer wiederkehrende Schmerzen definiert, die länger als drei Monate andauern. Doch das wissen Sie vermutlich. Vielleicht haben Sie aber, genau wie ich, in Ihrer Verzweiflung online nach Möglichkeiten gesucht, zu verhindern, dass die Schmerzen Ihre harmonische Beziehung zerstören. Abgesehen von ein paar Artikeln mit allgemeinen Ratschlägen zum Thema »Wie man chronische Schmerzen überlebt und eine Beziehung aufrechterhält« wird dieses Problem selten mit all seinen Facetten angesprochen. Außerdem bin ich überzeugt davon, dass es nicht nur darum geht, zu *überleben* oder eine Beziehung *aufrechtzuerhalten*. Glauben Sie das etwa? Ich nicht, und deshalb habe ich das Buch geschrieben, das Sie gerade in der Hand halten.

Ich weiß aus eigener leidvoller Erfahrung, was chronische Schmerzen in einer Beziehung anrichten können. Mein Leben drehte sich früher nahezu ausschließlich um die tägliche Bürde, die anhaltenden Schmerzen irgendwie in den Griff zu bekommen und meine Angst zu bewältigen, weil ich zusehen musste, wie mir die liebevolle Verbindung zu meinem Mann mehr und mehr entglitt. Oft hatten wir ein Date mit allem Drum und Dran geplant, als wäre ich gesund, und ignorierten dabei die Tatsache, dass ich kaum noch imstande war, das Haus zu verlassen, ganz zu schweigen davon, eine Gesprächspartnerin zu sein, in deren Gesellschaft sich andere rundum wohlfühlten. Wenn wir in einem Restaurant mit wunderschönem Ambiente und gedämpftem Licht einander gegenübersaßen, drehte sich unsere Unterhaltung in erster Linie um die bange Frage, wie lange ich es aushalten würde, sitzen zu bleiben, bevor die Schmerzen unerträglich wurden und wir gehen mussten. So viel zum Thema romantischer Abend!

Zum Glück war dieser Kampf von kurzer Dauer. Nicht etwa, weil die Schmerzen nachließen oder ein für alle Mal der Vergangenheit angehörten, sondern weil wir *gemeinsam* die Entscheidung trafen, unsere Beziehung nicht auf Eis zu legen, weil Krankheit und Schmerzen Besitz von meinem Körper ergriffen hatten. Ich befasste mich eingehend mit den verfügbaren Forschungsergebnissen, leitete praktische Maßnahmen ein, auf die ich bei meinen Recherchen gestoßen war, machte mir einige ausgewählte klinische Strategien zunutze (die wir inzwischen mit zahlreichen Klientinnen und Klienten geteilt haben und auch in unserem eigenen Alltag umsetzen) und identifizierte die wichtigsten Schritte, die trotz chronischer Schmerzen Freude in unser Liebesleben zurückbrachten.

Ich sollte wohl erwähnen, dass ich Sprachtherapeutin und Geschäftsführerin von zwei psychosomatischen Privatkliniken bin. Mein Mann Johann arbeitet als klinischer Psychologe mit Menschen, die unter psychischen Störungen oder physischen Erkrankungen leiden, bei denen die Wechselwirkung zwischen Körper, Geist und Seele eine Rolle spielt. Jede Woche haben wir zahlreiche Neuzugänge in unseren Kliniken zu verzeichnen, Menschen, die mit schwerwiegenden, lebensverändernden Krisen konfrontiert sind, Probleme aufgrund chronischer Schmerzen und Beziehungsstress eingeschlossen. Es überrascht wohl nicht, dass viele der betroffenen Paare kurz vor einer Trennung stehen und trotz verzweifelter Bemühungen, die Beziehung zu retten, keine praktische Unterstützung finden. Wie vermutlich auch bei Ihnen hat die Fokussierung auf den täglichen Überlebenskampf die Möglichkeit beeinträchtigt, eine harmonische, erfüllende *und* leidenschaftliche Beziehung zu führen – ein Ziel, das unerreichbar ist. *Glauben sie zumindest.*

Paare, die bereit sind, das Problem beherzt anzupacken, können lernen, dagegen anzugehen, dass chronische Schmerzen ihre Beziehung gefährden, und trotz des täglichen Ringens mit den Schmerzen die emotionale und physische Intimität und Nähe wiederherzustellen. Dieser Prozess erfordert eine differenzierte Herangehensweise und die Veränderung bestimmter Aspekte Ihrer eingeschliffenen Denk- und Verhaltensmuster, Ihres Lebensstils und Ihres Umgangs miteinander.

Wenn Sie diese Zeilen unter einer dicken Daunen- oder Wärmepackung lesen, bezweifeln Sie vielleicht, dass Sie die Energie aufbringen, so viele tiefgreifende Veränderungen anzustoßen. Ich verstehe es, wenn Sie sagen: »Wieder eine tolle Beziehung zu haben, klingt gut, aber ich bin so erschöpft, dass ich kaum die Herausforderungen in meinem Alltag bewältigen kann, ganz zu schweigen von einem ganzen Bündel neuer komplizierter Strategien.«

Soll ich Ihnen ein kleines Geheimnis verraten?

Wenn sich Paare einander bewusst zuwenden und sich weigern, chronischen Krankheiten und Schmerzen die Kontrolle über ihre Liebe und ihr Leben zu überlassen, wird die Beziehung enorm gestärkt. Das ist der erste Schritt auf der gemeinsamen Reise in eine neue Normalität. Auch wenn Sie ausgelaugt sind (sprich: mehr Ruhe brauchen als eine ganze Seniorenresidenz), steht es in Ihrer Macht, wieder eine wunderbare Beziehung aufzubauen – eine *einzigartige* Beziehung. Der Schlüssel ist die Entschlossenheit, sich nicht unterkriegen zu lassen, sondern kleine praktische Veränderungen in die Wege zu leiten, die wenig Energie erfordern, aber große Wirkung erzielen.

Sie müssen sich nicht mit einer leidenschaftslosen Beziehung begnügen, die man eher als Koexistenz bezeichnen könnte, die auf Gewohnheit beruht und auf das Überleben gerichtet ist. Sie sollten es sich wert sein, zu lieben und geliebt zu werden, und sich vor Augen halten, dass Sie trotz Ihres Gesundheitszustands und Schmerzniveaus fähig sind, eine erfüllende und leidenschaftliche Beziehung zu entwickeln.

Fünf Schritte: Der Weg zur Freude

Die Entwicklung wirksamer Strategien umfasst fünf Bereiche, die Paaren in ihrem täglichen Kampf mit chronischen Schmerzen einen Weg zur Freude bahnen. Sie stellen Meilensteine dar, die als Orientierungshilfe dienen und zu einer einzigartigen, neuen Normalität und einem neuen, zutiefst befriedigendem Leben führen.

Auf den nachfolgenden Seiten lernen Sie fünf Schritte kennen, die Sie in die Praxis umsetzen können und die Sie beim Aufbau einer dauerhaften, liebevollen Beziehung unterstützen. (Denken Sie daran: kleine Veränderungen = große Wirkung.)

1. Die Bedeutung des Teamgeists in Ihrer Beziehung.
2. Praktische Tipps, um Ihren aktuellen Gesundheitszustand zu kommunizieren und Raum für mehr Liebe und Spaß zu schaffen.
3. Wie Sie Selbstempathie entwickeln und Ihre emotionale Befindlichkeit steuern, um ein positives Miteinander zu stärken.
4. Wie Schmerzen und Gehirn in Zusammenhang stehen und wie sich diese Verbindung auf Ihre Beziehung auswirkt.
5. Wie Sie trotz Schmerzen Ihr Sexualleben verbessern.

Sie werden feststellen, dass ich in diesem Buch in erster Linie die Personen anspreche, die unter chronischen Schmerzen leiden. Falls Sie zum Gesundheitsteam der unmittelbar Betroffenen oder zu den unterstützenden Partnerinnen oder Partnern gehören (wie schön, dass Sie sich auf diese Weise in die Beziehung einbringen!), können Sie gleichermaßen von den Tipps profitieren. Lassen Sie sich also nicht vom Lesen abhalten.

Abgesehen von den praxisbezogenen Strategien finden Sie auch Informationen über den derzeitigen Stand der Forschung zum Thema Schmerzen, Beziehungen und psychische Gesundheit, die vielleicht dazu beitragen, dass Sie Ihre persönlichen Erfahrungen aus einer neuen Perspektive betrachten. Denken Sie jedoch daran, dass dieses Buch kein Ersatz für die Empfehlungen von Haus- und Fachärztinnen und -ärzten oder Pflegeteams sein sollte.

Lassen Sie es langsam und entspannt angehen

Schließlich empfehle ich allen, die unter chronischen Schmerzen leiden und das tief verwurzelte Bedürfnis haben, wieder eine liebevolle Beziehung zu führen, einfühlsam mit sich selbst umzugehen, wenn sie die folgenden Kapitel durcharbeiten. Nehmen Sie sich die Zeit, die Informationen »häppchenweise« zu konsumieren, oft reichen schon ein paar Seiten. Sie wissen ja, dass Ihre Aufmerksamkeitsspanne gering und Ihre Energie begrenzt sind. Halten Sie sich außerdem vor Augen, dass alle Strategien in diesem Buch auf Ihre Beziehungssituation abgestimmt sind. Dennoch möchte ich Sie einladen, für Veränderungen in allen Bereichen Ihres Lebens offen zu sein. Denken Sie daran: Je mehr Sie sich selbst verstehen und lieben können, desto leichter machen Sie es Ihrem Partner beziehungsweise Ihrer Partnerin, Sie zu verstehen und zu lieben.

TEIL 1
SCHMERZEN

1
Eine starke und erfüllte Beziehung

Eines Morgens beim Einkaufen wurde ich unverhofft von einer Hand aufgehalten, die mich am Arm packte. Ich drehte mich abrupt um und stand vor einer Bekannten, die ich seit einem Monat nicht mehr gesehen hatte. Obwohl sie sonst immer bester Laune war, lächelte und Lebensfreude versprühte, machte sie einen sichtlich erschöpften und besorgten Eindruck.

»Karra, Robs Rückenoperation ist nicht so verlaufen wie erhofft. Er hat immer noch furchtbare Schmerzen, und das nach vier Monaten.« Sie beugte sich vor, als wollte sie mir ein Geheimnis anvertrauen. »Ich weiß nicht, wie lange ich noch stark für ihn sein kann. Ich liebe ihn, aber ich bin am Ende. Ich muss die Hausarbeit und alles andere, was sonst noch so anfällt, ganz allein machen. Seit der Rückenverletzung hat er sich total verändert. Es ist echt hart. Du weißt, was ich meine, oder? Sind das nicht genau die Probleme, die du in deiner Paartherapie zu lösen versuchst?«

Sie ließ meinen Arm los, aber das Gefühl der Verzweiflung, das von ihr ausging, wirkte bei mir noch lange nach.

Die große Frage

Ist es tatsächlich möglich, sich aus der Umklammerung chronischer Schmerzen zu befreien, die Beziehungen so hart zusetzen? Das war die große Frage, die meine Bekannte in Wirklichkeit stellte, und ich bekomme sie häufig von Paaren zu hören, die teilweise nahe daran sind, aufzugeben.

Ich kann es ihnen nachempfinden. Bevor die Schmerzen Besitz von meinem Körper ergriffen, pflegten Johann und ich jeden Abend ins Fitnesstraining zu gehen, bevor wir es uns auf der Couch gemütlich machten, um den Tag Revue passieren zu lassen und die Erfolge und Herausforderungen zu teilen. Als Monate und Jahre vergingen, ohne dass meine Gesundheitsprobleme verschwanden, wurde mein Kampf gegen die Schmerzen zu einem alles beherrschenden Element in unserer Beziehung. Abends saßen wir schweigend nebeneinander, völlig erledigt. Diese Form der Erschöpfung erreichte ein Ausmaß, wie ich es nie zuvor erlebt hatte, und mein Mann war ebenfalls ausgelaugt, weil er sich mehr um mich als um sich selbst kümmerte. Wir hatten nichts mehr übrig, was wir einander geben konnten, bis auf die vage Hoffnung, dass es mir vielleicht irgendwann besser gehen würde und wir zur »Normalität« zurückkehren konnten.

Wenn Paare feststellen, dass sie bei der Suche nach einer neuen Normalität Hilfe benötigen, fühlen sich viele so überfordert und angeschlagen vom täglichen Kampf gegen die Schmerzen, dass sie (verständlicherweise) an der Möglichkeit zweifeln, die verlorene Intimität und Leidenschaft in ihrer Beziehung jemals wiederzugewinnen. Woher die Energie nehmen? Und wo beginnen? Die Schmerzen scheinen sie ihrer Fähigkeit beraubt zu haben, sich gegenseitig zu unterstützen und zu trösten.

Studien belegen, dass es für Paare eine ungeheure Herausforderung ist, unbeschadet durch das klippenreiche Gewässer chronischer Erkrankungen und Schmerzen zu gelangen.[3] Menschen, die unter chronischen Schmerzen leiden, können die Zufriedenheit in einer Beziehung beeinträchtigen, die Stressfaktoren in der häuslichen Sphäre vermehren und das Risiko erhöhen, Gesundheitsprobleme zu entwickeln, die Körper, Geist und Seele gleichermaßen betreffen.

Deshalb möchte ich Ihnen eine wichtige Frage stellen: Wie haben sich die Schmerzen auf Ihre Beziehung ausgewirkt?

Bei meinen eigenen Recherchen habe ich festgestellt, dass es zwei Kategorien von Paaren gibt, deren Beziehung sich durch die chronischen Schmerzen verändert hat. Zur ersten Kategorie gehören diejenigen, die den Funken der Leidenschaft in ihrer Beziehung verloren haben, was den Erhalt des Körperkontakts, der vorher zwischen ihnen bestand, erschwert. Dennoch fühlen sie sich nach wie vor miteinander verbunden und schaffen es, die emotionale Nähe zu bewahren. Sie suchen nach einer Überholspur zu einer neuen Normalität, sodass sie das gemeinsame Leben wieder genießen können, ohne die Schmerzen als Dritten im Bunde.

Der zweiten Kategorie lassen sich Paare zuordnen, bei denen die Schmerzen die Betroffenen und/oder die Beziehung nachhaltig verändert haben. Sie sind völlig ausgelaugt, unfähig, Nähe herzustellen, und mit der Frage beschäftigt, wie oder ob sie überhaupt noch zusammenbleiben können. Die nicht erkrankten Partner oder Partnerinnen weisen die »bedürftigen« oft ab, sodass diese das Gefühl haben, nicht die Unterstützung zu erhalten, die sie brauchen.

Egal, ob Sie sich in der ersten oder zweiten Beschreibung wiedererkennen, dieses Buch ist auf Sie und Ihre Wünsche und Bedürfnisse zugeschnitten. Trotz des düsteren Bildes lautet die Antwort auf die große Frage: Ja, es ist möglich, den Weg zu einer grundlegenden Veränderung zu bahnen – zu einer Beziehung, die stark, erfüllt und darüber hinaus besonders ist. Ich versichere Ihnen, das ist kein Hirngespinst.

Was kennzeichnet eine starke und erfüllte Beziehung?

Eine starke und erfüllte Beziehung ist von gegenseitigem Respekt, Liebe und Freude geprägt. Die enge Verbundenheit springt geradezu ins Auge und die Zuneigung und Wertschätzung sind so offenkundig, dass es auf Anhieb auffällt. Eine starke und erfüllte Liebe lässt sich nicht verbergen. Sie fließt in alles ein, was wir tun (wie chronische Schmerzen auch, wenn wir es zulassen).

Eine Beziehung ist ein Raum, in dem unsere Identität und unser Sicherheitsgefühl geprägt werden. Dieser Raum bietet uns sinnvolle Aufgaben und Ziele, und wenn wir in den Armen eines geliebten Menschen unsere Individualität aufbauen und ausleben können, sind unser Selbstvertrauen und unser Wohlbefinden unübersehbar. Was wir anderen geben können, weil unsere Beziehung uns reich beschenkt, verdient Beachtung, und was wir an Herausforderungen bewältigen, wenn uns der Partner oder die Partnerin zur Seite steht oder den Rücken stärkt, ist absolut bemerkenswert.

Natürlich entsteht eine starke und erfüllte Beziehung nicht von allein, vor allem dann nicht, wenn chronische Schmerzen im Spiel sind. Sie erfordert eine klare Entscheidung, die von der Liebe angestoßen wird und sich in lebenspraktische Strategien übersetzt, die es uns ermöglichen, über widrige Umstände hinauszuwachsen. Eine starke und erfüllte Beziehung verlangt auf beiden Seiten das besondere Bemühen – genauer gesagt, die innere Verpflichtung –, dem Leiden nicht zu erlauben, ihre innige Bindung zu bedrohen. Das heißt nicht, dass Gefühle wie Frustration, Wut oder Enttäuschung wie von Zauberhand verschwinden. Aber es wird ihnen nicht mehr gelingen, die außergewöhnliche, tiefe Liebe, die wir geben und empfangen können, zu dominieren oder zu torpedieren.

Ihnen ist vielleicht aufgefallen, dass ich eine starke und erfüllte Beziehung nicht anhand einer ganzen Liste von Merkmalen oder Aktivitäten beschrieben habe. Dafür gibt es zwei Gründe. Erstens: Sie ist einzig in ihrer Art. Sie ist charakteristisch für Sie und die individuellen Lebenserfahrungen Ihres Partners oder Ihrer Partnerin bis zum gegenwärtigen Augenblick.

Zweitens: Die Aufzählung »typischer« Eigenschaften einer starken und erfüllten Beziehung, die sich nach außen hin manifestieren, könnte Sie dazu verleiten, sie auch in Ihrer Beziehung als Ziel anzustreben, was alles andere als effektiv wäre. Starke und erfüllte Beziehungen sind, wie bereits gesagt, einzigartig und entwickeln sich von innen heraus. Ich kann Ihnen jedoch versichern, dass Sie an *Ihr* Ziel gelangen, wenn Sie den Leitlinien in diesem Buch folgen.

Wenn Ihre Beziehung sich zu verändern beginnt, stark und erfüllend wird, verbessern sich sowohl Ihre physische als auch Ihre mentale Gesundheit.[4] Vielleicht stellen Sie fest, dass Sie plötzlich wieder Lust haben, Ihren Partner zu küssen, Ihrer Partnerin aufmerksam zuhören oder miteinander zu tanzen. Diese Erfahrung, die auf Sie wartet, wenn Sie den Schritten in diesem Buch folgen, ist genauso individuell und einzigartig wie Ihr Schmerzprofil.

Die Reise beginnt

Eines Morgens, als ich unter der Dusche stand und im Anschluss zur Arbeit fahren wollte, wurde ich ohnmächtig. Ich leide unter Spondylarthrose, einem chronisch fortschreitenden Verschleiß der kleinen Wirbelgelenke, und bei mir kommt noch eine Arthritis hinzu, die eine Entzündung der Wirbelsäule, der Iliosakralgelenke (an der Stelle, wo unterer Rückenbereich und Becken ineinander übergehen) und der peripheren Gelenke (die im Außenbereich des Körpers liegen) auslöst. »On top« führt das Ganze auch noch zu einer Enthesitis (einer Entzündung an der Ansatzstelle von Sehnen und Bändern an den Knochen), was wiederum Auswirkungen auf verschiedene Organe hat. Aus fachärztlicher Sicht bin ich eine »behandlungsresistente« Patientin. Das heißt, die Medikamente, die bei den meisten Menschen mit einem ähnlichen Krankheitsbild anschlagen, wirken bei mir nicht.

Woran ich mich nach meiner Ohnmacht unter der Dusche als Nächstes klar erinnere, war Johann, der am Fußende des Krankenhausbetts stand und mit dem Arzt redete.

»Können Sie mir sagen, welches Gelenk ihr die meisten Schmerzen bereitet?«, erkundigte sich der Arzt bei ihm.

»Die Hüfte«, erwiderte er und deute vage in Richtung seiner rechten Hüfte.

Ich war überrascht, dass Johann nicht in der Lage war, das Iliosakralgelenk zu nennen, in dessen Behandlung wir bereits einige Tausend Dollar investiert hatten.

»Welche Medikamente nimmt sie?«, fuhr der Arzt fort.

Johann murmelte etwas Unverständliches vor sich hin, dann trat er ein paar Schritte vor und durchsuchte meine Handtasche, die sich neben meinem Bett befand.

Während ich diesen Austausch beobachtete, wurde mir klar, dass Johann allem Anschein nach die kleinen Informationsbruchstücke über meinen Zustand und die bisherigen therapeutischen Maßnahmen nicht auf dem Schirm hatte. Nicht etwa, weil es ihm an Interesse mangelte. Ich hatte es während der ersten Monate versäumt, ihn über die Einzelheiten meiner Gesundheitsreise aufzuklären. Ich erinnere mich, dass ich das Gefühl hatte, ihn zu einem Spiel in einer Sportart eingeladen zu haben, das ihm dem Namen nach geläufig war, aber dessen Spielregeln er nicht kannte.

Sind Sie im selben Team?

Teamgeist zu entwickeln, um das Wir-Gefühl zu stärken, ist der erste und allerwichtigste Schritt auf der Reise zu einer starken und erfüllten Beziehung. In seinem Buch *Die 7 Geheimnisse der glücklichen Ehe* erklären der Psychologe und Paartherapeut John Gottman und Co-Autorin Nan Silver, wie wichtig es für Paare ist, die »Liebeslandkarte« der Partnerin oder des Partners zu kennen und deren Welt zu verstehen.[5] Und Autor Steve Maraboli weist darauf hin, dass Paare nicht gegeneinander, sondern miteinander gegen eine vorhandene Krankheit kämpfen sollten.[6]

Paare können sich nur dann wieder näherkommen und eine erfüllende Beziehung aufbauen, wenn sie ein starkes gemeinsames Fundament haben, auf dem das Verständnis Ihres Gesundheitszustands beruht. Der erste Schritt besteht darin, Ihre Liebeslandkarte zu erweitern, indem Sie die schmerzrelevanten Einzelheiten Ihrer Erkrankung hinzufügen. Sie müssen sich auf derselben Wellenlänge befinden, was Ihre Schmerzen und die derzeitigen Herausforderungen betrifft, denen Sie sich persönlich und als Paar gegenübersehen. Deshalb ist es unerlässlich, sich als eingeschworenes Team zu begreifen: Sie beide gegen die chronischen Schmerzen. Und nicht Sie und Ihre Schmerzen gegen den Menschen, den Sie lieben. Wenn Sie fest daran glauben, dass Sie es gemeinsam schaffen können, haben Sie trotz der Schmerzen bereits ein Drittel des Weges zu einer erfüllenden Beziehung bewältigt!

Und was die schmerzrelevanten Einzelheiten betrifft: Falls Ihre Beziehung erst seit einer Woche besteht, müssen Sie nicht umgehend jeden Krankenhausaufenthalt in Ihrem Leben erwähnen, obwohl ich häufig Zuschriften von Betroffenen in meiner Mailbox finde, die in dieser Hinsicht Rat suchen. (»Karra, wann ist der richtige Zeitpunkt, um meinem Partner etwas über meine Krankheit zu erzählen?«)

Ich kann Ihnen die Entscheidung nicht abnehmen, aber Sie sollten sich bei einer langjährigen Beziehung an irgendeinem Punkt die Frage stellen, ob Ihr Partner oder Ihre Partnerin alles, was er oder sie über Ihre Gesundheitsreise wissen muss, auch wirklich weiß und verstanden hat. Chronische Schmerzen sind eine Bewährungsprobe, die Sie im Lauf der Zeit verändert und Ihren Lebenserfahrungen einen anderen Anstrich verleiht. Wenn das geschieht, sollte Ihr Lieblingsmensch genug Informationen über die chronischen Schmerzen besitzen, um sie von Ihrer Persönlichkeit – Ihrer Einzigartigkeit und Ihrem menschlichen Wert – getrennt einzuordnen.

Im nächsten Kapitel finden Sie die Ressourcen, um diese unerlässliche, grundlegende Arbeit im Team zu bewältigen und optimal darauf vorbereitet zu sein, gemeinsam Front gegen die Schmerzen zu machen – Hand in Hand.

Lange Rede, kurzer Sinn

- *Forschungsergebnisse und Erfahrungen bestätigen, dass der Umgang mit chronischen Schmerzerkrankungen für Paare eine große Herausforderung darstellt.*
- *Es ist möglich, trotz chronischer Schmerzen eine starke und erfüllte Beziehung aufzubauen und aufrechtzuerhalten.*
- *Obwohl jede starke und erfüllte Beziehung individuell geprägt ist, können Sie dieses Ziel erreichen, wenn Sie den Leitlinien in diesem Buch folgen.*
- *Teamgeist zu entwickeln ist der erste und wichtigste Schritt auf Ihrer gemeinsamen Reise zu einer Beziehung, die stark, erfüllt und bemerkenswert ist.*

2
Über den Schmerz

Wer noch nie im Leben chronische Schmerzen hatte, findet es oft schwierig, dieses Phänomen zu verstehen. Die Tatsache, dass sie unsichtbar sind und bei vielen Betroffenen äußere Anzeichen fehlen, die auf das Ausmaß der Belastung hinweisen, macht das Phänomen Schmerz so vielschichtig und schwer fassbar. Dass es sich bei Schmerzen stets um eine ganz individuelle Erfahrung handelt, trägt zusätzlich zur Vielschichtigkeit bei. Bevor Sie sich also zu einer »Teambesprechung« zusammensetzen, um die Einzelheiten zu schildern, kann es hilfreich sein, sich die Funktion von Schmerzen vor Augen zu halten, insbesondere die Mechanismen des körpereigenen Schmerzsystems.

Was versteht man unter Schmerzen?

Werfen wir einen kurzen Blick auf einige Schlüsselkonzepte zum Thema Schmerzen. Um während des Masterstudiums meine Miete zahlen zu können, hielt ich an der Uni Anatomie-Tutorien ab. Einige Studierende teilten meine Begeisterung für die Funktionsweise des menschlichen Körpers, andere fanden das Thema total langweilig. Aber lesen Sie bitte weiter: Je besser Sie und auch Ihr Lieblingsmensch informiert sind, desto schneller gelingt es Ihnen, die

Schmerzen in den Griff zu bekommen, die richtige Unterstützung zu erhalten und Ihre Erfahrung wirksam zu kommunizieren.

In den USA leiden schätzungsweise 20 Millionen Menschen unter chronischen Schmerzen[7], in Großbritannien sind es, je nach Studie, zwischen 35 Prozent und 51,3 Prozent oder rund 28 Millionen Erwachsene.[8] Berichten aus Brasilien zufolge sind dort 31 Prozent der Gesamtbevölkerung betroffen[9] und in Deutschland laut der Deutschen Schmerzgesellschaft e. V. 10 bis 20 Prozent, das heißt, 8 bis 16 Millionen Menschen.[10] Das sind verblüffende Zahlen – und Sie wissen, was das bedeutet?

Sie sind nicht allein!

Wenn bei Ihnen unlängst eine chronische Schmerzerkrankung diagnostiziert wurde, kann es hilfreich sein, zu wissen, warum sie als »chronisch« eingestuft wird. Das ist der Fall, wenn Schmerzen länger als drei Monate andauern, der Zeitraum, in dem der Körper die meisten Gewebeverletzungen »repariert«. Es gibt gleichwohl unterschiedliche Sichtweisen auf chronifizierte Schmerzen. Ihre Hausärztin oder Ihr Hausarzt haben vielleicht von ständig wiederkehrenden, lange andauernden oder anhaltenden Schmerzen gesprochen. In diesem Buch verwende ich den Begriff chronische oder anhaltende Schmerzen.

Zum Glück hat die Forschung dafür gesorgt, dass das Thema Chronische Schmerzen als eigenständige Erkrankung in den Fokus gerückt ist und Ergebnisse veröffentlicht wurden, die das Verständnis und den Umgang mit der Schmerzsituation verbessern können. Heute ist vor allem bekannt, dass kein direkter Zusammenhang zwischen dem Ausmaß der Schmerzerfahrungen und dem Ausmaß des Gewebeschadens oder dem Schweregrad der Erkrankung besteht.[11] Der Schmerzprozess wird von vielen Faktoren beeinflusst, die zur Entstehung des Schmerzempfindens beitragen.

Wie wir Schmerzen wahrnehmen

Dass kein direkter Zusammenhang zwischen Schmerzausmaß und Gewebeschäden besteht, lässt sich darauf zurückführen, dass die Gewebeverletzung nicht die primäre Schmerzursache ist. Unser Gehirn (genauer gesagt, unser zentrales Nervensystem oder ZNS, das Nervenbahnen in Gehirn und Rückenmark umfasst) entdeckt eine Bedrohung für den Körper und zieht alle vorhandenen Informationen in Betracht, um die Frage zu beantworten: »Wie groß ist die Gefahr?« Das schließt Informationen, die vom Körpergewebe ausgehen, aber auch andere Hinweise ein, zum Beispiel die Ergebnisse bildgebender diagnostischer Verfahren, das Wissen, wie der Heilungsprozess bei anderen Personen mit ähnlichen Verletzungen oder Erkrankungen verlaufen ist, den situationsspezifischen Kontext und frühere Erfahrungen, die im sogenannten »Schmerzgedächtnis« gespeichert sind. Wenn Ihr Gehirn entscheidet, dass Ihr Körper Schutz benötigt, löst es den Alarm in Form von Schmerzsignalen aus.[12] Das schließt Schmerzen aller Art ein, ungeachtet dessen, wie sie sich anfühlen.

Manchmal leitet der Körper andere Schutzmaßnahmen ein, zum Beispiel die Kampf-oder-Flucht-Reaktion. Ganz schön clever, unser Gehirn! Es ist fortwährend auf unseren Schutz bedacht und nutzt die Schmerzen, um uns vor Schaden zu bewahren!

Doch manchmal (es gibt immer ein *Aber*, stimmt's?) schießt unser körpereigenes Schmerzsystem, das man auch als Alarm- oder Gefahrenmeldesystem bezeichnen könnte, über das Ziel hinaus, Warnsignale zu senden, um uns zu schützen. Mit zunehmender Übung, Schmerzen auszulösen, schärft das Gehirn sein Gespür für Bedrohungen und versetzt damit unser Nervensystem fortwährend in einen Zustand höchster Alarmbereitschaft. Diese gesteigerte Wachsamkeit des zentralen Nervensystems und der andauernde Zustand erhöhter neuronaler Aktivität wird auch als *zentrale Sensitivierung* (ZS) bezeichnet.

Haben Sie sich jemals gefragt, warum sich die liebevolle Berührung Ihres Partners oder Ihrer Partnerin nicht mehr so sanft anfühlt wie früher? Vielleicht haben Sie bemerkt, dass die Schmerzen plötzlich auch auf andere, vorher schmerzfreie Bereiche des Körpers übergreifen oder bei bestimmten Reizen einen stärkeren Widerhall erzeugen. Schuld daran ist vermutlich die zentrale Sensitivierung, eine veränderte Aktivität der Neuronen im Zuge der Schmerzverarbeitung. Sie wird oft als Komplikation betrachtet, die eine Schmerzüberempfindlichkeit auslöst und zu »chronischen Schmerzen« führt.

Die beste Erklärung für diesen Prozess ist meiner Meinung nach der Vergleich mit einer überaktiven Hausalarmanlage. Angenommen, Sie haben eine ganz gewöhnliche Alarmanlage installieren lassen, die ausgelöst werden soll, wenn jemand einzubrechen versucht. Im Lauf der Monate aber haben sich mehrere Personen unerlaubt Zutritt zu Ihrem Grundstück verschafft, sodass Sie beschließen, Ihre Alarmanlage umzuprogrammieren und als Bewegungsmelder zu nutzen. Keine gute Idee! Nun ertönen die Warnsignale ständig, sobald Ihr Alarmsystem auch nur die kleinsten, aber eben nichtbedrohlichen Aktivitäten rund ums Haus ortet. Eine Überreaktion auf Außenreize.

Bei Menschen mit anhaltenden Schmerzen ist die zentrale Sensitivierung weit verbreitet. Sie haben ein ähnlich hochempfindliches Alarmsystem, das auf die kleinsten Veränderungen im Körper, in ihren Bewegungen, Gedanken, Gefühlen und Lebensumständen reagiert.

Ich hoffe, dass Sie mithilfe dieser kurzen Erklärung verstehen, dass für viele von uns die Schmerzen intensiver werden können, was aber nicht auf eine Verschlechterung des Gesundheitszustands, sondern auf eine Veränderung des Schmerzsystems zurückzuführen ist, das seine Schutzfunktion hochfährt. Deshalb ist es wichtig, sich bewusst zu machen, was diese Überempfindlichkeit unseres Schmerzsystems aufrechterhält und was wir tun können, um es anzupassen und darauf zu trainieren, seine Schutzmaßnahmen entsprechend zurückzuschrauben.

Wenn Sie heute in meine Praxis kämen, würden Sie mich vermutlich bei der Arbeit (auf dem Laptop) oder in einer Besprechung antreffen. Damit verbringe ich 70 Prozent meiner Zeit. Der Rest ist Dehnübungen vorbehalten, bei denen ich Musik höre. Warum? Weil ich mein persönliches Schmerzsystem kenne und gelernt habe, dass stressreiche Meetings und Projekte zu den Aktivitäten gehören, die mein zentrales Nervensystem in höchste Anspannung versetzen. Doch eine einzige Stretching-Übung mit Musik reicht bei mir als Bewegungs- und Entspannungsstrategie schon aus, um mein hochempfindliches körpereigenes Alarmsystem »zurückzusetzen« (und eine Schmerzattacke schlussendlich zu vermeiden). Seit Beginn dieses Kapitels habe ich mir mit Unterbrechungen sogar ein halbes Album angehört!

Was Sie tun können

Viele wirksame Schmerzkontrollstrategien, die von der Forschung empfohlen werden, beruhen auf dem Wissen, dass Stresshormone wie Cortisol und Adrenalin Schmerzen verschlimmern und bestimmte »Glückshormone«, zum Beispiel Endorphine, Dopamin und Serotonin, imstande sind, Gefahrensignale zu dämpfen und die Schmerzerfahrungen zu mildern.

Das ändert nichts an der Tatsache, dass Ihre Schmerzen hundertprozentig real und nicht »eingebildet« sind. Es bedeutet, dass wir auf Stress und Gedanken achten sollten, die unser Schmerzsystem auf Hochtouren bringen könnten.

Wichtig ist, sich daran zu erinnern, dass Stress durch die Wahrnehmung eines bestimmten Ereignisses oder die damit verbundenen Überzeugungen verursacht wird und nicht durch das Ereignis an sich. Was ich als Stress empfinde, muss für Sie in keiner Weise belastend sein, deshalb werden Sie keine Einheitslösung finden, mit der sich das Gefahrenmeldesystem aller Betroffenen bei chronischen Schmerzen beruhigen lässt.

Die folgenden Strategien sind weit verbreitet, wenn es gilt, unser körpereigenes Alarmsystem herunterzufahren:

- körperliche Aktivität und Bewegung
- angemessener Schlaf
- mit den eigenen Kräften haushalten (nicht zu viel oder zu wenig tun)
- Stressmanagement
- Angst- und Panikmanagement
- Verarbeitung schwieriger Gefühle, zum Beispiel Wut
- Zuwendung
- Medikamente
- kreative Aktivitäten
- Selbstfürsorge
- Ablenkung[13]

Jetzt ist es an der Zeit, das körpereigene Schmerzverarbeitungssystem als Hebel einzusetzen, um mehr Kontrolle über Ihr Alarmsystem zu gewinnen. Wenn Sie den Lautstärkeregler Ihres Alarmsystems finden und herunterschalten können, übernehmen Sie die Steuerfunktion. Sie fühlen sich selbstermächtigt, weniger überfordert und identifizieren sich nicht länger mit dem Problem. Nicht Sie sind das Problem, sondern die Schmerzen. Schmerzen, mit denen Sie sich in einer Paarbeziehung gemeinsam, als Team, auseinandersetzen müssen.

Teamstrategie

Ich hoffe, Sie fühlen sich nun ein bisschen besser auf das Gespräch mit Ihrem Partner oder Ihrer Partnerin vorbereitet, das nun ansteht.

Mit den Strategien, die in diesem Buch beschrieben werden, erzielen Sie nur dann einen grundlegenden Wandel, wenn Sie sich als Team betrachten und für Ihre Liebe kämpfen, gemeinsam Front gegen das Problem machen und klar erkannt haben, worin es besteht.

Der Sieben-Schritte-Plan

Dieser sieben Schritte umfassende Plan trägt dazu bei, ein erfolgreiches Team aufzubauen. Denken Sie im Vorfeld noch einmal an die Vorstellungsbilder zurück, die Ihnen auf Ihrer Reise zu einem besseren Verständnis Ihrer Schmerzerkrankung geholfen haben. Speichern Sie diese Bilder in Ihrem Gedächtnis ab, dann können Sie sie in den nachfolgenden Gesprächen mit Ihrem Partner oder Ihrer Partnerin abrufen, um ihnen die Verarbeitung der Informationen zu erleichtern.

1. Legen Sie einen Termin für eine »Verabredung« zu einem gemeinsamen Frühstück, Mittag- oder Abendessen fest, am besten zu einer Zeit, in der Ihre Schmerzen erträglich sind und keine unmittelbaren Aufgaben oder Verpflichtungen anstehen. Erklären Sie, dass es darum geht, Informationen auszutauschen, um bezüglich der Krankheit, gegen die Sie *beide* ankämpfen, am gleichen Strang zu ziehen. Bestellen Sie etwas zu essen oder bitten Sie Familienmitglieder oder Bekannte, eine besondere Mahlzeit für diesen Anlass zuzubereiten, wenn das Kochen Sie erschöpft.

2. Schildern Sie Ihren Gesundheitszustand in allen Einzelheiten. Es kann von Vorteil sein, zuerst das allgemeine Krankheitsbild zu beschreiben, einschließlich Ursachen, Verbreitung und generelle Symptomatik, bevor Sie auf die persönlichen Symptome zu sprechen kommen. Sie wollen sich kurzfassen, deshalb sollten Sie sich vorab Zeit nehmen, um zu entscheiden, welche Informationen Sie teilen wollen. Achten Sie darauf, dass sie relevant und sachlich sind.
3. Beschreiben Sie die Therapien, die Sie bisher ausprobiert haben oder derzeit noch in Anspruch nehmen. Listen Sie die Optionen auf, die Ihnen derzeit zur Verfügung stehen, sowohl für die Behandlung der zugrunde liegenden Krankheitsursache als auch für die künftige Schmerzlinderung.
4. Fassen Sie zusammen, welche Medikamente Sie nehmen, was sie bewirken und welche Nebenwirkungen Sie haben. Am besten fokussieren Sie sich auf die Nebenwirkungen, die in einem Zusammenhang mit einer Veränderung Ihrer Grundstimmung, des äußeren Erscheinungsbilds oder der Sexualfunktion stehen.
5. Listen Sie die fünf wirksamsten Strategien auf, die Ihre Schmerzen reduzieren, und entwickeln Sie im Anschluss einen Plan, wie Ihr Partner oder Ihre Partnerin Ihnen bei der Umsetzung helfen kann: zum Beispiel eine Wärmpackung vorbereiten, ein Bad einlassen, den Rollstuhl für Sie im Auto verstauen oder aus dem Kofferraum heben. Entscheiden Sie, was für Sie am hilfreichsten und für ihn oder sie am vernünftigsten wäre.
6. Tauschen Sie sich über die fünf besten Möglichkeiten aus, Sie zu unterstützen. Der fünfte Schritt bezog eine Liste der Optionen ein, die zur Schmerzlinderung beitragen. Nun geht es darum, Ihnen im Alltag zur Hand zu gehen. Viele wissen nicht genau, wie sie helfen können, wenn ihre Partnerin oder ihr Partner Schmerzen hat.

7. Es ist ein Privileg, jemanden in Ihrem Leben zu haben, der Sie in Ihrem Bemühen unterstützt, die Schmerzen in den Griff zu bekommen. Vergessen Sie nicht, das Gespräch mit einem innigen Dankeschön (und vielleicht mit seinem oder ihrem Lieblingsdessert, selbst zubereitet oder gekauft) zu beenden. Erinnern Sie noch einmal daran, dass bei diesem »Date« Ihr Gesundheitszustand im Mittelpunkt stand, doch alle weiteren Schritte zur Verbesserung Ihrer Beziehung darauf ausgerichtet sind, sich gegenseitig zu unterstützen und zu ermutigen.

Tipps für den Alltag

Wenn Ihr Gesundheitszustand Sie daran hindert, eine gemeinsame Mahlzeit einzunehmen, schlage ich vor, die Frage der Unterstützung bei einem schönen Spaziergang oder an Ihrem gemeinsamen Lieblingsort zu klären.

Außerdem sollten Sie nicht das Handtuch werfen, wenn Ihr Partner oder Ihre Partnerin es ablehnen, sich auf dieses Gespräch einzulassen. Ich habe dieses Buch geschrieben, weil ich weiß, dass viele infolge der schmerzbedingten Veränderungen in der Beziehung Frustration, heimlichen Groll und Enttäuschung empfinden. Lassen Sie sich nicht von der Weigerung Ihres Lieblingsmenschen entmutigen. Beginnen Sie einfach damit, die Strategien umzusetzen, die Sie allein stemmen können. Sobald die positiven Veränderungen in Ihrem Leben und Ihrer Beziehung offenkundig werden, wächst bei den meisten die Bereitschaft, den Prozess mitzutragen.

Lange Rede, kurzer Sinn

- *Das Verständnis chronischer Schmerzen ist der erste Schritt, um die Kontrolle über sie zu gewinnen.*
- *Die Schmerzerfahrungen sind komplex und werden von vielen Faktoren beeinflusst.*
- *Die anfänglichen Schmerzsignale werden vom zentralen Nervensystem (Gehirn und Rückenmark) ausgelöst, wenn es eine Gefahr für das Körpergewebe wahrnimmt.*
- *Im Lauf der Zeit neigt unser körpereigenes Schmerzsystem zur Überreaktion auf Außenreize, um uns zu schützen.*
- *Stress kann zur Chronifizierung von Schmerzen beitragen.*
- *Zu den bewährten Strategien, die unser Alarmsystem herunterregulieren, gehören unter anderem ausreichender Schlaf, sanfte Bewegungen, Zuwendung, Medikamente sowie körperliche und kreative Aktivitäten.*
- *Legen Sie mit Ihrem Partner oder Ihrer Partnerin einen Termin fest, um ein ausführliches Gespräch über Ihren Gesundheitszustand und seine Auswirkungen auf Ihr gemeinsames Leben zu führen.*
- *Erklären Sie, wie Sie bei der Bewältigung Ihrer Schmerzen am besten unterstützt werden können.*

3
Meine Geschichte

Ich bin keine unverbesserliche Romantikerin. Ich habe nie Liebesromane gelesen und hasse den Valentinstag. Und ja, ich finde es auch überraschend, dass ich ein Buch über Paarbeziehungen geschrieben habe. Trotz meiner Bemühungen, alle romantischen (sprich locker-flockigen) Details zu vermeiden, kann ich ohne einen kurzen Blick auf meine Partnerschaft und mein Leben vor Beginn der Schmerzerkrankung nicht erklären, warum es für mich so wichtig war, die einzelnen Schritte zu einer starken und erfüllten Beziehung zu entdecken.

Als junge Frau zog es mich, was meiner Mutter überhaupt nicht gefiel, aus einer kleinen Ortschaft im australischen Outback an eine Universität in der Großstadt. Ich wollte meine Chancen nutzen, bevor der Glanz meiner akademischen Spitzenleistungen verblasste. Kleinstädte auf dem Land sind nicht mein Ding. Innerhalb weniger Tage gelang es mir, eine Unterkunft, einen Job und einen neuen Bekanntenkreis zu finden. Eines Abends, bei einem Treffen mit meinen neuen Freundinnen und Freunden in einem Restaurant, gesellte sich Johann zu uns. Ich erspare Ihnen den romantischen Schnickschnack – sagen wir einfach, dass ich »Liebe auf den ersten Blick« gegoogelt habe, als ich wieder zu Hause war. Ich dachte zumindest, ich wäre ihm zum ersten Mal begegnet, bis meine Schwester auftauchte, die an besagtem Abend ebenfalls mit von der Partie war, mich kurz beiseite nahm und mir einen Rippenstoß versetzte. »Na so was! Da ist ja der Typ, von dem du vor vier Jahren gesagt hast, so müsste dein Ehemann aussehen«, flüsterte sie mir zu. Ich zuckte zusammen, als ich an meine Teenagerzeit dachte, in der ich mich mehr für die männlichen Musikfestivalbesucher als für die Musik interessiert hatte. Ich spähte um die Ecke zu Johann hinüber, groß gewachsen, braun gebrannt und attraktiv. Gut zu wissen, dass sich mein Geschmack in puncto Männer nicht geändert hatte. Zu meinem neuen Bekanntenkreis gehörte auch jemand, der Johann kannte und ihn, wie ich ein paar Monate später erfuhr, angerufen und ihm berichtet hatte, dass sich seine »künftige Ehefrau gerade bei uns niedergelassen hat«.

Er sollte recht behalten. Wir hatten zwei Jahre lang eine feste Beziehung. Genauer gesagt: Wir waren zwei Jahre lang unzertrennlich. Ich kann mich nur an wenige Tage erinnern, an denen wir uns in dieser Zeit nicht sahen. Alle sagten voraus, unsere »Flitterwochenphase« würde bald enden, doch nach zwei Jahren wachten wir immer noch in den frühen Morgenstunden auf und zogen romantische Abenteuer dem Schlaf vor. Ich rechnete damit, dass die Schmetterlinge im Bauch und das tief verwurzelte Bedürfnis, mit ihm zusammen zu sein, vergehen würden, doch das war nicht der Fall. Wir wussten, obwohl wir noch so jung waren, dass uns etwas Besonderes miteinander verband, und so schlossen wir im Sommer auf den Klippen am Meer den Bund fürs Leben. Es regnete den ganzen Tag, mit Ausnahme der zwei Stunden, in denen die Trauzeremonie stattfand, und als wir »Ich will« sagten und unsere Hochzeitsgäste klatschten, machten wildlebende Delfine in den Wellen tief unter uns ihre spektakulären Luftsprünge.

Nach unserer Heirat zogen wir nach England, wo uns die beruflichen Verpflichtungen fast ein halbes Jahr bezahlten Urlaub ermöglichten, und so bereisten wir gemeinsam Europa und die

Welt darüber hinaus. Wir erkundeten magische und romantische Winterlandschaften, fuhren mit dem Rad durch die Bergregionen Westeuropas und verbrachten die Abende in marokkanischen Dachswimmingpools. Die Liebe, die uns verband, war tief. Jahre nach unserer Hochzeit wollte jemand von mir und einer Kollegin während der Mittagspause wissen, wie das so sei, verheiratet zu sein. Unsere Antworten waren spontan und unterschiedlich. Meine Kollegin meinte, es sei »hart« und ich fand es »sagenhaft«. In solchen Situationen werde ich noch heute daran erinnert, dass das, was Johann und ich teilen, vielleicht nicht die Norm ist.

Das war, bevor wir nach Australien zurückkehrten und loszogen, um Möbel zu kaufen. Johann gab mir von der gegenüberliegenden Seite des Einrichtungshauses ein Zeichen, herüberzukommen und mir einen Tisch anzusehen, der ihm gefiel. Aber wir wussten beide, dass wir ihn nicht kaufen würden, weil ich ihm bereits einen gezeigt hatte, der mir zusagte. *Happy wife, happy life* – »glückliche Ehefrau, glückliches Leben« – lautete Johanns Devise. Auf dem Weg zu ihm hatte ich einen Schwächeanfall. In diesem Augenblick schien die Zeit stillzustehen. Johann eilte herbei und flüsterte mir immer wieder zu: »Alles wird gut, alles wird gut.« Aber es wurde nicht gut. Und *gut* ist es bis heute nicht.

Da Laufen zu meinen bevorzugten Hobbys gehörte, dachte mein Gesundheitsteam, der Zusammenbruch stünde in Zusammenhang mit einer Verletzung, und verordnete mir ein intensives Reha-Programm. Ich hielt mich haargenau an die Anweisungen und wir waren zuversichtlich. Ich war häufig stundenlang auf der Autobahn unterwegs, um die besten australischen Gelenkspezialisten und Physiotherapeutinnen aufzusuchen, bis die Fahrten zu beschwerlich für mich wurden. Länger als zehn Minuten hintereinander zu gehen oder zu stehen, erwies sich als Problem, selbst mit einer Hüftgelenkorthese, die das Hüftgelenk stabilisierte und entlastete, und die Schmerzen begannen auch auf andere Gelenke überzugreifen. Bei einem meiner Reha-Trips kam der zweite Schlag.

»Karra, Sie haben alles getan, was in Ihrer Macht steht, um eine Besserung zu erzielen, aber wir sind zu der Schlussfolgerung gelangt, dass Ihre Gelenkprobleme nicht auf Verletzungen zurückzuführen sind, sondern auf eine Erkrankung, die sich im ganzen Körper ausbreitet.«

Ich erinnere mich, dass ich die Luft anhielt und mein Verstand sich weigerte, die Worte der Fachärztin zu verinnerlichen, die im Raum hingen. Andernfalls hätte ich akzeptieren müssen, dass alles viel schlimmer war, als wir bisher gedacht hatten. Das Problem war nur, ich wusste, dass sie recht hatte. Auch wenn ich es nicht wahrhaben wollte, war mir klar, dass ich zunehmend die Kontrolle über meinen Körper verlor. Ich fühlte mich krank und schwach, aber nicht infolge einer Verletzung. Ich kehrte total deprimiert nach Hause zurück, war aber fest entschlossen, der Diagnose auf den Grund zu gehen.

Eines Samstagabends kurz nach dieser letzten Autobahnfahrt waren Johann und ich im Kino. Mit einer Tüte Popcorn in der Hand freuten wir uns auf einen romantischen Film. Während ich dort saß und zusah, wie sich die Lovestory entwickelte und die beiden Hauptfiguren ihre ungetrübte Liebe genossen – eine Erfahrung, die ich früher zutiefst nachvollziehen konnte –, stellte ich zum ersten Mal fest, dass ich keinen Bezug zu der Geschichte fand. Im Gegenteil, ich rutschte unbehaglich auf meinem Sitz hin und her, während Erinnerungen an meine Beziehung vor der Schmerzerkrankung auftauchten. Sie erfüllten mich mit Trauer, Kummer und Wut. Nicht nur mein Körper war schwach und krank, sondern auch unsere Beziehung.

Johann und ich konnten nicht länger den gemeinsamen Aktivitäten nachgehen, die wir früher so genossen hatten. Wir stellten unsere täglichen Besuche im Fitnessstudio ein und konnten nicht mehr so oft reisen. Es fiel uns schwerer, eine emotionale Verbindung zwischen uns herzustellen, und wir wussten, dass sich dadurch nicht nur unsere Kommunikation, sondern auch unsere Liebe zueinander veränderte. Mein Gesundheitszustand stahl uns die Lebensfreude.

Ich sagte andauernd »Wenn es mir besser geht …« oder »Wenn die Schmerzen nachlassen …«. Wir lebten ständig mit Blick auf die Zukunft, auf eine Genesung hoffend, hatten aber nicht wirklich die schwierige Frage bedacht: »Was ist, wenn keine Besserung eintritt?« Diese Zeit lässt sich am besten (und zum Glück am kürzesten) mit dem Gefühl beschreiben, dass unser gemeinsames Leben zum Stillstand kam. Wir waren beide zu der Überzeugung gelangt, dass die Schmerzen derzeit zu groß waren, um einen Weg zu finden, der es uns ermöglichte, Freude miteinander zu teilen, und so warteten wir ab. Warteten darauf, dass die Schmerzen ein für alle Mal vergingen, um wieder zu unserem alten Selbst und zu unserer Identität als Paar zurückkehren zu können.

Es dauerte nicht lange, bis ich die offizielle Bestätigung erhielt, dass sich mein Gesundheitszustand nicht verbessern würde, aber wir wussten, dass wir uns beide eine Verbesserung unserer Beziehung wünschten. Der Mangel an Ressourcen, die Paaren zur Verfügung stehen, wenn sie die Diagnose *chronische Schmerzerkrankung* erhalten, war unsere größte Herausforderung. Aber ich führte meine eigenen Recherchen durch, vertiefte mich in Fachzeitschriften, die sich mit dem Thema Schmerzen und Psychologie aus wissenschaftlicher Sicht befassten. Darüber hinaus tauschten wir uns über die klinischen Maßnahmen aus, die bei unseren Patientinnen und Patienten Erfolg versprachen, und passten sie an den Umgang mit chronischen Schmerzen in einer Paarbeziehung an. Das Ergebnis: Unsere starke Bindung und unsere Lebensfreude gehören heute zu den größten Ressourcen, auf die wir in leidgeprüften Zeiten zurückgreifen können.

Eine der ersten Veränderungen, die wir einleiteten, um trotz der Schmerzen einen Neuanfang in unserer Beziehung zu wagen, betraf die Art, wie wir miteinander kommunizierten. Wir sehnten uns beide nach mehr Freude in unserem Leben, deshalb galt es, Raum dafür zu schaffen, indem wir bewusst die Zeit begrenzten, in der wir meine Gesundheit und meine Schmerzen in den Mittelpunkt stellten.

Leider sind Paare infolge der Stressbelastung durch die chronischen Schmerzen, die häufigen Stimmungsschwankungen und die Anpassungen ihres Lebensstils gezwungen, noch härter als der Durchschnitt an einer effektiven Kommunikation zu arbeiten. Es gibt gleichwohl einige praktische Maßnahmen, die dazu beitragen, sie zu verändern und der Romantik wieder mehr Raum zu geben. (Ich versichere Ihnen, Romantik ist trotz Schmerzen noch möglich!) Wenn Sie bewusst das Thema Schmerzen und Liebe zur Sprache bringen, können beide eher die Perspektive ihres jeweiligen Gegenübers akzeptieren und sich besser verstanden fühlen. Dieser Austausch ermöglicht Ihnen, gemeinsam an Ihrer Beziehung zu arbeiten und ein Zuhause aufzubauen, das nicht auf das Überleben fokussiert, sondern darauf ausgerichtet ist, der Lebensfreude den Weg zu bahnen.

Stationen Ihrer Reise

Die folgenden drei Kommunikationsstrategien läuten den Start Ihrer Reise zu einer starken und erfüllten Beziehung ein:

1. Strukturen schaffen. Entscheiden Sie, wann und wie Sie sich über Schmerzen und Themen austauschen wollen, die mit Ihrem Gesundheitszustand in Zusammenhang stehen, sodass sie nicht ständig den Mittelpunkt Ihrer Gespräche bilden.

2. Liebe kommunizieren. Wenn Sie erschöpft sind, brauchen Sie energiesparende (leicht umzusetzende), aber hochwirksame Möglichkeiten, Ihre Liebe zum Ausdruck zu bringen.
3. Frieden anstreben. Um Ihre begrenzten Kräfte zu schonen, empfiehlt es sich zu lernen, wie Sie einer Eskalation von Meinungsverschiedenheiten vorbeugen und Konflikte in Rekordzeit bereinigen.

Diese Strategien werden wir in den folgenden Kapiteln genauer unter die Lupe nehmen.

4
Kommunikationshack #1: Bedürfnisse zum Ausdruck bringen

Über die Schmerzen zu sprechen ist ein unerlässlicher Teil Ihrer Beziehung, doch Sie möchten verhindern, dass er auf Ihrem Weg zu einem starken Team eine beherrschende Stellung einnimmt. In diesem Kapitel finden Sie einige Ideen, wie Sie die Zeit begrenzen können, in der die Unterhaltung immer wieder um das Thema Schmerzen kreist, und wie Sie die Gespräche so gestalten können, dass sich Problemlösungsmarathons künftig erübrigen. Wenn Sie weniger über Schmerzen reden, haben Sie mehr Zeit, sich auf Spaß und die romantischen Aspekte in Ihrer Beziehung zu konzentrieren. Und wer möchte nicht mehr Spaß im Leben haben?

Schmerzskala

Wie oft wurden Sie im Rahmen einer Behandlung gebeten, Ihre Schmerzintensität einer Skala von 0 bis 10 zuzuordnen? Häufiger, richtig? Die Aufforderung, sie anhand von Zahlen einzuschätzen statt mit Worten zu schildern, erfolgt aus gutem Grund. Die emotional aufgeladenen Beschreibungen der Schmerzen (»grauenvoll«, »schlimm«, »erträglich«) lassen sich nicht präzise messen und gelten bei Fachleuten als *subjektive* Aussagen – das heißt, dass sie unterschiedlich gedeutet werden können. Eine numerische Rating-Skala (NRS) ermöglicht Ihrem Gesundheitsteam dagegen eine objektive Beurteilung und kann im Lauf der Zeit dazu dienen, Aufschluss über Stärke, Qualität und Verlauf Ihrer Schmerzen zu gewinnen.

Diese Schmerzskala hat auch für Ihren Partner oder Ihre Partnerin einen größeren praktischen Nutzen als eine Beschreibung, wenn Sie gefragt werden, wie es Ihnen geht. Wenn Sie den Verlauf der Schmerzen verfolgen, können Sie die Skala sogar einsetzen, um Aktivitäten und konkrete Unterstützungsmaßnahmen zu planen. Dank der konkreten Hinweise, die sie bieten, lassen sich die beidseitigen Erwartungen herunterschrauben und Enttäuschungen vermeiden.

In einer typischen numerischen Rating-Skala steht 0 für »keine Schmerzen« und 10 für »extreme, unerträgliche Schmerzen«.

Wussten Sie, dass es verschiedene Möglichkeiten gibt, Schmerzen anhand einer Skala einzuordnen? Obwohl der Schmerz eine individuelle Erfahrung ist und von jedem Menschen unterschiedlich empfunden und bewertet wird, erfährt Ihr Partner oder Ihre Partnerin bei konsequentem Gebrauch einer Skala mehr über Ihr persönliches Schmerzprofil und dessen Bedeutung für Sie und Ihre Beziehung.

Zu den unterschiedlichen Methoden, die Schmerzintensität numerisch einzuordnen, gehören unter anderem:

- Eine generelle Beurteilung. Diese Methode ist am besten geeignet, wenn sich die Schmerzen auf einen bestimmten Bereich des Körpers beschränken.
- Eine getrennte Beurteilung für die beiden schmerzhaftesten Bereiche des Körpers.

- Eine generelle Beurteilung der Schmerzen im Körper plus Angabe der Bereiche, die Ihnen an diesem Tag am meisten zu schaffen machen. Das ist eine gute Option für diejenigen, die unter chronischen Schmerzen in mehreren Körperregionen leiden.

Johann und ich haben festgestellt, dass die dritte Methode für uns am hilfreichsten ist. Das liegt daran, dass meine Gelenkprobleme in verschiedenen Körperbereichen auftreten und der aktuell von den Schmerzen betroffene Bereich bestimmt, welche Aktivitäten mir im Moment schwerfallen. Wenn der generelle Wert unter 5 liegt, kann Johann wahrscheinlich eine ungeplante Aktivität in seinen Tagesablauf einfügen, und ich bin in der Lage, meine berufliche Tätigkeit an die Terminänderung anzupassen. Er weiß, dass ich bei Werten über 6 mehr auf seine Mithilfe bei den regulären Aufgaben und Aktivitäten angewiesen bin. Bei 8 und darüber hinaus findet er mich meistens im Bett vor, mit einer dicken Bettdecke oder etlichen Wärmpackungen.

Um Ihrem Partner oder Ihrer Partnerin im Schnelldurchlauf zu vermitteln, wie groß das jeweilige Ausmaß Ihrer Schmerzen ist, können Sie Ihre eigenen Beschreibungen entwickeln, die den Werten auf der numerischen Rating-Skala entsprechen und Aufschluss über Ihre aktuelle Stimmung, Funktionsfähigkeit und Ihre Bedürfnisse geben (eine englischsprachige Vorlage finden Sie unter www.chronicpaincouple.com/book).

Den Schmerzverlauf nachverfolgen

Sie können den Schmerzverlauf auch mithilfe der Technologie nachverfolgen. Es gibt inzwischen einige Apps, die hervorragend geeignet sind, Schmerzintensität, Medikamente, Therapien, Ernährungsgewohnheiten, Schlafqualität und Gemütsverfassung im Blick zu behalten. Ich finde es sehr hilfreich, wenn Klientinnen und Klienten mit einer handfesten Zusammenfassung der Behandlungsfortschritte auf dem Smartphone zu mir in die Praxis kommen.

Paare können diese Apps außerdem nutzen, um ihre Kommunikation zu verbessern. Eine chronische Schmerzerkrankung ist nicht immer auf Anhieb erkennbar. Manchmal müssen wir den Partner oder die Partnerin an unsere Einschränkungen erinnern, aber fortlaufende Gespräche über Gesundheitsprobleme sind alles andere als erfreulich und für beide anstrengend. Eine Möglichkeit wäre, dem oder der anderen einen Screenshot von der täglichen Zusammenfassung Ihrer Schmerzrating-App zu schicken. (Eine Liste der Apps finden Sie unter www.chronicpaincouple.com/book) oder Sie schauen sich die deutschsprachige Version der App »Manage my Pain« an, die kostenlos im Play Store erhältlich ist.

Dieses digitale Schmerztagebuch bietet Ihrem Partner, Ihrer Partnerin wichtige Informationen über Ihren aktuellen Gesundheitszustand und die Möglichkeit, den eigenen Tagesablauf entsprechend anzupassen. Die App ist nichts weiter als eine moderne Schmerzrating-Skala, die Sie per Smartphone weiterleiten können. Sie ist von so großem Nutzen, dass sich die Gespräche, die Johann und ich führen, wenn wir uns am Ende des Tages das erste Mal sehen, nicht auf meine Gesundheit konzentrieren. Er hat die Informationen, die er über mein Befinden braucht, und ich fühle mich unterstützt, wenn er aufgrund meiner Schmerzzusammenfassung mit realistischen Erwartungen (und an schlechten Tagen mit reichlich Take-away-Essen) nach Hause kommt.

Sorgenzeit

Zu den bekannten Bewältigungsstrategien bei einer generalisierten Angststörung (einer psychischen Erkrankung, die mit schwerwiegender anhaltender Besorgnis und Anspannung einhergeht und die Funktionsfähigkeit im Alltag nachhaltig beeinträchtigt) gehört die Einplanung einer »Sorgenzeit«. Haben Sie den Begriff schon einmal gehört? Dieser festgelegte Zeitrahmen ist ausschließlich dem Nachdenken über die eigenen Ängste und Sorgen vorbehalten. Klingt ganz einfach, aber die praktische Umsetzung kann schwierig sein!

Diese Strategie ist besonders für Paare geeignet, die sich verzweifelt bemühen, die gesundheitsbezogenen Sorgen aus ihren Gesprächen auszuklammern. Es wäre ideal, ein- bis zweimal pro Woche eine Sorgenzeit anzuberaumen. Aber am Anfang reicht es oft schon aus, nur einen Tag einzuplanen und sich in Richtung »alle paar Tage« vorzuarbeiten, um in der Beziehung Raum für andere Themen zu schaffen und wichtige positive Veränderungen anzustoßen. Sie können die Sorgenzeit zum Beispiel nutzen, um Ihre Schmerzintensität und aktuelle Behandlungsergebnisse noch einmal unter die Lupe zu nehmen und alle Probleme in Ihrem Leben oder in Ihrer Beziehung hinzuzufügen, die mit Stress verbunden sind und einer Lösung bedürfen. Sie können diesen Zeitrahmen auch erweitern, um gemeinsam das bevorstehende Wochenende zu planen, sicherzustellen, dass die Paarzeit Vorrang hat und Ihr Terminkalender sowohl gut steuerbar als auch mit Ihrem Gesundheitszustand vereinbar ist (mehr darüber an späterer Stelle).

Da die Sorgenzeit nützlich, aber nicht immer erfreulich ist, könnten Sie danach einen positiven Abschluss einplanen, zum Beispiel miteinander kuscheln, sich gegenseitig verwöhnen oder zu einer anderen Aktivität übergehen, die beiden Spaß macht.

Alles, was sich nach einem klaren Hinweis anfühlt, dass die Sorgenzeit beendet ist und es Ihnen nun freisteht, Ihre Energie und Ihr Gespräch der Erkundung Ihrer Träume, Ihrer Ziele und Ihrer Beziehung zu widmen. Ich weiß, dass es nicht einfach ist, sich die Sorgenzeit zu einer geplanten Gewohnheit zu machen, aber die Mühe lohnt sich! Für sich genommen ist sie imstande, Impulse zu setzen, die Sie auf dem Weg zu einer erfüllenden und leidenschaftlichen Beziehung trotz der Schmerzen ganz erheblich voranbringen.

Bedürfnisse kommunizieren

Es kann schwierig sein, Ihren Lieblingsmenschen um Hilfe zu bitten. Es ist ebenfalls eine Herausforderung, abzuwägen, ob Sie zu viel oder zu wenig Unterstützung verlangen. Ich bin die Erste, die ihre Hand hebt und gesteht, dass die richtige Dosierung eine Menge Fingerspitzengefühl erfordert. Ein offenes Gespräch über Ihre Bedürfnisse und die Fähigkeit, Bereitschaft und emotionale oder körperliche Belastbarkeit Ihres Partners oder Ihrer Partnerin bietet die Möglichkeit, einen Austausch auf Augenhöhe einzuleiten. Am wichtigsten ist es jedoch, die Frage zu klären, wie Sie fortwährende Problemlösungsdiskussionen über Ihre Schmerzen vermeiden und wie Sie im Alltag die benötigte Hilfe erhalten.

Steven und Elaine gehören zu den Paaren, die es satthatten, ständig über Schmerzen zu reden. Jeden Tag verhandelten sie aufs Neue, wer welche Aufgaben übernehmen sollte. »Schatz, ich habe Schmerzen, könntest du bitte die Lebensmittel aus dem Auto holen?« oder »Steven, kannst du heute den Müll raustragen?« Obwohl Elaine seit mehr als elf Jahren unter Fibromyalgie leidet – einer chronischen Erkrankung, die mit Schmerzen in verschiedenen Körperregionen einhergeht –, hatten sie nie offen über die Dinge, die ihr schwerfielen, und die Hilfe gesprochen, die sie von Steven brauchte.

Eine halbstündige Unterhaltung war alles, was erforderlich war, um diese unnötigen Interaktionen aus ihrem Tagesablauf auszuklammern. Eine einfache Übung, die auch Sie machen können. Sprechen Sie ehrlich an, dass Sie Unterstützung benötigen, und finden Sie heraus, in welcher Form Ihr Partner oder Ihre Partnerin dazu beitragen kann und möchte. Machen Sie Nägel mit Köpfen! Unterteilen Sie eine Blatt Papier in zwei Spalten. Listen Sie in der einen Spalte die Arbeiten auf, die Ihnen infolge der Schmerzen schwerfallen. Ihr Partner notiert in der anderen Spalte seinen Namen und die Aufgaben, die er Ihnen leicht abnehmen kann. Danach versuchen Sie gemeinsam, eine Lösung für die Erledigung der Aufgaben zu finden, die keinen Namen erhalten haben – vielleicht lassen sie sich auch aus der To-do-Liste entfernen. Möglicherweise stellt sich heraus, dass Sie sich für einige Aufgaben Hilfe von außen beschaffen müssen, sei es von Fachkräften, im Familien- oder Bekanntenkreis.

Arbeiten auslagern

Zwischen der Auslagerung bestimmter Arbeiten oder Dienstleistungen und der Verbesserung der Beziehung besteht ein klarer Zusammenhang, wie ich immer wieder feststellen konnte. Die Reise eines Paares, die von chronischen Schmerzen geprägt ist, enthält zahlreiche Unbekannte – unvorhergesehene Notfälle, Veränderungen im Behandlungsverlauf oder Schmerzattacken von einem Tag auf den anderen. Wenn sich die beiden bezüglich der Arbeitsbewältigung an schwierigen Tagen auf der gleichen Wellenlänge befinden, können sie überwältigende und unnötige Gespräche umgehen, die das Leiden sonst fortwährend in den Brennpunkt rücken.

Sich Hilfe von außen zu beschaffen, muss nicht unerschwinglich sein. Wir haben einen Polizisten im Ruhestand gefunden, der sich um unseren Garten kümmert und so wenig dafür verlangt, dass ich nicht näher darauf eingehen will, weil sonst sein Telefon heiß läuft. Wir haben außerdem hin und wieder jemanden dafür bezahlt, auf Vorrat für uns zu kochen, wenn es mir im Zuge einer Schmerzattacke schlecht geht, und Familienangehörige gebeten, unseren Sohn während meiner Behandlungen zu betreuen. Vielleicht finden auch Sie auf den einschlägigen Websites Haushaltshilfen, zum Beispiel für den Frühjahrsputz (in Australien Airtasker, dort gibt es viele Studierende, die sich ein bisschen Geld hinzuverdienen möchten), oder auf Online-Plattformen für Reinigungskräfte und andere Dienstleistungsanbieter. Unser Thai-Restaurant vor Ort kennt unsere Bestellungen fürs Familienessen in- und auswendig. Zugegeben, darauf bin ich nicht gerade stolz und wir versuchen derzeit, das Essen zum Mitnehmen einzuschränken. Aber Sie wissen jetzt, was ich meine.

Johann und ich haben eine Liste mit den Maßnahmen erstellt, die wir ergreifen, wenn sich mein Gesundheitszustand verschlechtert. In dem Augenblick, wo klar ist, dass es mir nicht gut geht, beginnt die »Auslagerungsaktion«, sodass wir uns lange Diskussionen über die Einzelheiten ersparen können. Auf der Liste sind die Arbeiten, die erledigt werden müssen, und die Telefonnummern der Personen vermerkt, die sie übernehmen könnten.

Verschwenden Sie Ihre kostbare Energie nicht damit, sich den Kopf über die Lösung von Problemen zu zerbrechen, die vermutlich immer wieder auftauchen. Wenn Sie es sich leisten können, beschaffen Sie sich professionelle Hilfe für den Haushalt, den Garten oder die Kinderbetreuung. Andernfalls überprüfen Sie noch einmal Ihr Budget, vielleicht lässt sich das eine oder andere einsparen und für diesen Zweck verwenden. Finden Sie heraus, ob es in Ihrer Nachbarschaft Jungen und Mädchen gibt, die ihr Taschengeld aufbessern möchten und dafür Ihren Rasen mähen oder Ihr Auto waschen. Oder Familienangehörige erklären sich bereit, hin und wieder für Sie mitzukochen, sodass Sie sich nicht um das Essen kümmern müssen. Es ist an der Zeit, den Überlebensmodus zu verlassen, in dem Sie sich an schlechten Tagen befinden, und einen Plan auszuarbeiten, um den Stress zu reduzieren.

Absagen

Zu den Problemen, auf die wir vorbereitet sein sollten, weil sie mit großer Wahrscheinlichkeit immer wieder auftauchen, gehören auch Vorhaben oder Verabredungen, die wir in letzter Minute absagen müssen. Schmerzen lassen sich nicht vorhersehen. Und der Verlauf einer Schmerzattacke entzieht sich oft unserer Kontrolle. Zu Beginn meiner Reise mit Gesundheitsproblemen habe ich Johann nicht immer offen gesagt, wie groß meine Schmerzen waren. Einmal hatten wir ein Abendessen zu zweit in einem romantischen Restaurant mit Blick auf den Fluss geplant. Wir hatten eine lange Wartezeit in Kauf nehmen müssen, um einen Tisch zu ergattern, sodass ich es nicht übers Herz brachte, ihm den Abend zu verderben. Ich konnte einfach nicht absagen, als meine Schmerzen kurz vor unserem Aufbruch schlimmer wurden. Doch drei Straßen vom Restaurant entfernt wurde mir speiübel. Ich übergab mich am Straßenrand und über mein Seidenkleid, das ich für das Date mit meinem Liebsten gewählt hatte. Nach diesem Fiasko vergewisserte ich mich, dass wir uns immer rechtzeitig und ohne großen Aufwand über gemeinsame Vorhaben und meinen aktuellen Schmerzstatus austauschen konnten, wobei ich feststellte, wie wichtig es ist, auf alles vorbereitet zu sein.

Bei allen Verabredungen oder Veranstaltungen, die Sie gemeinsam mit Ihrem Partner oder Ihrer Partnerin eingeplant haben, sollten Sie im Vorfeld folgende Fragen klären:

- Wie lässt sich Ihr Plan bei Schmerzattacken so anpassen, dass Sie trotzdem an dem Vorhaben teilnehmen können?
- Welcher Teil des Ereignisses ist für Sie beide der wichtigste (Sie werden nicht immer einer Meinung sein), für den Fall, dass Sie nur kurz anwesend sein können?
- Wäre Ihr Partner oder Ihre Partnerin bereit, allein oder mit einer anderen Person als Ersatz teilzunehmen?
- Falls Sie beide beschließen, aufgrund Ihrer starken Schmerzen auf eine Teilnahme zu verzichten – haben Sie einen Plan B in Form gemeinsamer Aktivitäten, denen Sie gern nachgehen würden?

Zu wissen, was Sie beide sich wünschen und brauchen, falls die Schmerzen Ihre Pläne kapern, erleichtert die Kommunikation über die notwendigen Anpassungen und bietet Ihnen mehr Raum, die Zweisamkeit zu genießen, wenngleich auf andere Weise als geplant.

Wertvorstellungen

Wie haben Sie sich bei meinem Vorschlag gefühlt, Arbeiten auszulagern? Ich wage zu behaupten, dass einige von Ihnen bei dem Gedanken, dass es okay ist, Hilfe in Anspruch zu nehmen, erleichtert waren, während andere Unbehagen empfanden.

Jeder geht anders mit der Möglichkeit um, sich Hilfe zu beschaffen. Allein die Idee, die eine oder andere Tätigkeit Personen zu überlassen, die nicht zum Haushalt gehören, kann Beziehungskonflikte zur Folge haben. Tatsächlich sind viele Entscheidungen, die wir aufgrund von Gesundheitsproblemen und chronischen Schmerzen treffen müssen, ziemlich heikel, lösen endlose Diskussionen aus und führen bisweilen zu Spannungen. Sprengt diese Behandlung unser Budget? Muss ich arbeiten gehen? Können wir Kinder haben? Sollen wir diese Veranstaltung streichen? Welche Menschen aus unserem Bekanntenkreis stehen für uns an erster Stelle?

Sich über die jeweiligen Wertvorstellungen klar zu werden, trägt zum besseren Verständnis der Entscheidungen, inneren Kämpfe und Prioritäten beider Parteien und zu wichtigen Informationen in schwierigen Zeiten bei. Außerdem erübrigen sich dadurch zeitraubende Gespräche über gesundheitsbezogene Probleme, weil Sie schneller wertegeleitete Lösungen finden.

Klingt das gut? Doch zuerst sollten wir klären, was mit Wertvorstellungen gemeint ist. Ihre Wertvorstellungen sagen etwas darüber aus, was Sie im Leben als erstrebenswert oder moralisch gut betrachten. Sie stützen sich auf die feste Überzeugung, dass etwas wertvoll, wichtig oder annehmbar ist.[14] Das Wissen um die beidseitigen Wertvorstellungen ist eine Orientierungshilfe, eine Landkarte auf dem Weg in das Leben, das Sie sich wünschen, und zu einer dauerhaften, erfüllenden Beziehung. Wenn Sie sich bisher noch keine Gedanken über Ihre persönlichen Wertvorstellungen gemacht haben, kann die folgende Liste Klarheit schaffen. Vielleicht können Sie sich ja mit dem einen oder anderen der weitverbreiteten Grundwerte identifizieren. Danach bitten Sie Ihren Partner oder Ihre Partnerin, ebenfalls einen Blick darauf zu werden. Eine umfangreichere Liste können Sie auch mithilfe von Internet-Suchmaschinen zusammenstellen.

ABENTEUERLUST
AUFRICHTIGKEIT
AUTHENTIZITÄT

BEHAGLICHKEIT
BELIEBTHEIT
DISZIPLIN

ENGAGEMENT
EFFIZIENZ
EMPATHIE
ERFOLG
FAIRNESS
FAMILIE
FREUDE
FREUNDSCHAFT
FRIEDE
FÜLLE
GEMEINSCHAFT
GESUNDHEIT
GLAUBE
GLÜCK
HUMOR
INTEGRITÄT
KOMPETENZ
KREATIVITÄT
LEISTUNG
LERNEN
LIEBE
LOYALITÄT
MITGEFÜHL
NATUR
OPTIMISMUS
RESPEKT
SCHÖNHEIT
SPASS
SPIRITUALITÄT
STABILITÄT
STATUS
UNABHÄNGIGKEIT
VERANTWORTLICHKEIT
VERLÄSSLICHKEIT
WACHSTUM
WAHRHEIT
WEISHEIT
WOHLSTAND

Wenn Sie nach dem Blick auf die Liste immer noch im Trüben fischen oder es vorziehen, eine eigene Werteliste zu erstellen, notieren Sie die Antworten auf folgende Fragen:

- Welches Ziel möchte ich in meinem Leben innerhalb von drei Jahren erreichen?
- Was ist mir wichtig? Was strebe ich jeden Tag, jede Woche und jeden Monat an?
- Wofür gebe ich mein Geld aus und warum?
- Was mache ich in meiner Freizeit und warum?
- Welche Ereignisse haben für mich jedes Jahr die größte Bedeutung?

- Mit welchen Personen aus meinem Familien- und Bekanntenkreis möchte ich Zeit verbringen?
- Was macht mir am meisten Angst?
- Was bereitet mir in Anbetracht meiner Gesundheit die größten Sorgen?

Diese Fragen miteinander zu besprechen kann sehr aufschlussreich sein! Je häufiger die Entscheidungen, die Sie in Ihrem Leben treffen, mit Ihren persönlichen Wertvorstellungen übereinstimmen, desto größer ist das Gefühl der Erfüllung, das Sie empfinden. Und je häufiger diese Entscheidungen auf gemeinsamen Wertvorstellungen beruhen, desto näher gelangen Sie an Ihr Ziel einer starken und erfüllten Beziehung.

Lange Rede, kurzer Sinn

- *Verbringen Sie weniger Zeit mit Gesprächen über Ihren jeweiligen Gesundheitszustand, indem Sie Ihre Schmerzen auf einer numerischen Rating-Skala einordnen, die auch Ihr Partner, Ihre Partnerin kennt.*
- *Planen Sie eine feste Zeit ein, in der Sie gesundheitsbezogene Sorgen miteinander teilen.*
- *Schaffen Sie Klarheit über Ihre Bedürfnisse und die beste Möglichkeit, Hilfe von außen in Anspruch zu nehmen.*
- *Entscheiden Sie im Vorfeld, was Sie tun können, wenn die Schmerzen Sie zwingen, Ihre Teilnahme an einem Vorhaben abzusagen.*
- *Machen Sie sich Ihre jeweiligen Wertvorstellungen bewusst und kommunizieren Sie sie. Sie sollten als gemeinsame Basis für langfristige Entscheidungen dienen.*

5
Kommunikationshack #2: Liebe zeigen

Eines fehlt Menschen, die unter chronischen Schmerzen leiden, und das ist Energie, richtig? Aussagen wie »Ich kann mich nicht daran erinnern, wie es ist, einmal nicht erschöpft zu sein« oder »Ich habe das Gefühl, als wäre ich schon morgens am Ende meiner Kräfte« scheinen in unserer Leidensgemeinschaft weit verbreitet zu sein. Aber fassen Sie Mut, es gibt gute Nachrichten. Trotz der Erschöpfung müssen Sie sich nicht von dem Wunsch verabschieden, eine liebevolle Beziehung zu führen.

Hier einige Möglichkeiten, wie Sie auch mit wenig Energie und wenn Sie sich abgeschlagen fühlen, Ihre Liebe zum Ausdruck bringen können.

Freundlich und zugewandt sein

Während meiner Arbeit an diesem Buch wurde ich auf ein anderes Schmerzmittel umgestellt. Der Austausch verlief nicht so reibungslos wie geplant und führte zu einem Aufenthalt in der Klink, wo ich unter Aufsicht darauf wartete, dass die Nebenwirkungen nachließen. In dieser Zeit lernte ich drei Männer kennen, die ebenfalls Schmerzpatienten und interessanterweise alle drei seit Kurzem geschieden waren. Bei unseren täglichen Gesprächen, in denen es meistens um chronische Schmerzen und Beziehungen ging, stellte sich heraus, dass sie ihr Verhalten während der Ehe zutiefst bedauerten. Erst nach der Trennung erkannten sie, wie abweisend sie gewesen waren und was sie damit bei ihrer Ex angerichtet hatten (im Nachhinein ist man immer klüger, leider).

»Wenn ich die Uhr doch nur zurückdrehen könnte! Wenn ich damals gelernt hätte, anders mit meiner Krankheit umzugehen und besser mit meiner Frau zu kommunizieren, hätte meine Beziehung vielleicht überlebt«, gestand einer der Männer beim Frühstück.

Ich unterhielt mich oft mit den dreien. Nicht nur über Schmerzen und Beziehungen – sie zogen mich oft damit auf, dass ich mich wie eine »graue Maus« kleidete, was heute noch dazu führt, dass ich mir jeden Tag den Kopf über mein Outfit zerbreche. Doch in der Zeit wurde offenkundig, dass sie bedauerten, die Wut über ihre physische Leidensgeschichte an ihrer Partnerin ausgelassen zu haben.

Chronische Schmerzen sind grauenvoll. Sie sind gnadenlos und unerbittlich. An manchen Tagen würde ich am liebsten wild um mich schlagen und schreien, während ich mich an anderen Tagen zu kraftlos fühle, um meinen Mann so liebevoll zu behandeln, wie er es verdient. Wenn Sie sich also eine langlebige, harmonische Beziehung wünschen, müssen Sie hart daran arbeiten, Ihre Gefühle nicht an Ihrem Partner oder Ihrer Partnerin auszulassen. Sie erweisen Ihrer Beziehung einen Bärendienst, wenn Sie harsch reagieren. Da Sie dieses Buch lesen, ist Ihnen vermutlich schon bewusst, dass Sie bei der Schmerzreise ein unschätzbar wertvoller Aktivposten sind. Sie können uns als Verbündete zur Seite stehen, uns immer wieder ermutigen – und *wir* können *unseren* Teil dazu beitragen, trotz der Schmerzen eine starke und erfüllte Beziehung aufzubauen. Wir sollten dem Drang widerstehen, unsere Liebsten wegzustoßen, sondern uns vielmehr bemühen, mehr Nähe herzustellen. Wenn wir sie auf Distanz halten, haben wir nicht nur mit Krankheit oder Schmerzen zu kämpfen, sondern weitere Baustellen geschaffen.

Die kleinen Interaktionsmomente im Leben

Meine Nachbarn hören meinen Sohn jeden Tag mehrmals »Mum, schau mal!« schreien. Ich erinnere mich, dass ich das Gleiche bei meinen Eltern gemacht habe und weiß noch, wie wichtig es für mich war, ihre ungeteilte Aufmerksamkeit zu gewinnen. Obwohl wir als Erwachsene nicht mehr ungeduldig hin und her springen und aus voller Kehle »Schau mal!« schreien (hoffe ich zumindest), wünschen und brauchen wir nach wie vor die Aufmerksamkeit der Menschen, die uns nahestehen, vor allem der Nummer eins in unserem Leben.

Wenn wir etwas mit den Menschen teilen möchten, die wir lieben, halten wir in Wirklichkeit nach einer über alle Maßen wichtigen Bindung Ausschau. Und wenn sie Interesse zeigen, leiten wir daraus die Botschaft ab, dass wir es verdienen, ihre Zeit in Anspruch zu nehmen, dass wir wertgeschätzt und geliebt werden. Für die Betroffenen von chronischen Schmerzerkrankungen kann jedoch schon die kleinste Interaktion, die darauf abzielt, Aufmerksamkeit zu erhalten, schwierig sein. Diese kurzen Momente im Leben werden oft als Erstes durch die Schmerzen beeinträchtigt. Sie fallen dem Bemühen zum Opfer, Kraft zu sparen, weiteren Schmerzen vorzubeugen oder eine Schmerzattacke durchzustehen. Richtig?

Dieses Problem weckte gleich zu Beginn meiner Reise mit der Schmerzerkrankung meine Aufmerksamkeit. Ich ruhte mich gerade aus und plötzlich rief mir Johann aus der Küche zu: »Karra, komm mal her und schau dir das an!« Als gesunde Karra wäre ich aus dem Bett gesprungen, um mir schnellstmöglich anzusehen, was mein Mann mir zeigen wollte (er hielt sich selten in der Küche auf und ich witterte Unheil). Als schmerzgeplagte Karra hätte ich mich am liebsten nicht von der Stelle bewegt. Ich musste entscheiden, ob ich seine Bitte um Aufmerksamkeit ignorieren, ob ich mich weigern und zurückrufen sollte, dass ich nicht kommen kann, oder ob es besser wäre, mich über die Schmerzen hinwegzusetzen und meine begrenzte Kraft zu nutzen, um Interesse an den Dingen zu zeigen, die ihn betrafen. Zehn Jahre danach ist mir dieses Dilemma noch immer bewusst und Studien belegen, dass es sich um eine weitverbreitete Situation handelt, der wir unbedingt Aufmerksamkeit schenken sollten. Wir sollten uns Chancen, Zuwendung zu bekunden, nicht entgehen lassen und unserem Partner oder unserer Partnerin zeigen, dass sie uns wichtig sind.

Eine Gewohnheit, die für Paare in langlebigen Beziehungen hohe Priorität haben, ist die Zuwendung, wenn einer der beiden das Bedürfnis nach Aufmerksamkeit hat.[15] Anders ausgedrückt: Ja, ich sollte Interesse an der Katastrophe bekunden, die in der Küche auf mich wartet, wenn Johann nach mir ruft, und dabei möglichst mit meiner Kraft haushalten, wenn er um meine Aufmerksamkeit bittet. Wobei die Bemühungen um Aufmerksamkeit nicht immer offensichtlich sind. Ihr Partner oder Ihre Partnerin lachen vielleicht beim Lesen leise vor sich hin oder seufzen, wenn sie den Kühlschrank öffnen. Damit übermitteln sie Ihnen eine versteckte Bitte um Aufmerksamkeit. Widmen Sie diesen kleinen, kaum merklichen Interaktionsmomenten die gleiche Beachtung wie den großen, spektakulären und reagieren Sie liebevoll und neugierig. Investieren Sie Ihre Energie gleichermaßen in die Möglichkeiten, seine oder ihre Aufmerksamkeit in den kleinen Momenten des Alltags zu *gewinnen*. Einfache Antworten, Fragen oder Anmerkungen sind wirksame, energiesparende Optionen, die zeigen, dass Ihnen das Gefühl der emotionalen Verbundenheit wichtig ist. Das mag auf der Hand liegen, aber wer Schmerzen hat, fällt leicht in das Muster zurück, Energie für die großen Momente oder Ereignisse aufzuheben. Dabei verpassen wir die kleinen, aber wirkmächtigen Chancen, einander zugewandt zu sein und die Bindung zu festigen.

Die Sprachen der Liebe

Nun, da wir geklärt haben, welche Bedeutung der Bereitschaft zukommt, unserem liebsten Menschen Aufmerksamkeit zu schenken, gehen wir der Frage nach, wie wir diese Aufmerksamkeit verstärken können. Der US-amerikanische Paartherapeut Gary Chapman erklärt in seinem Buch *Die fünf Sprachen der Liebe. Wie Kommunikation in der Partnerschaft gelingt*, das auf der Bestsellerliste der *New York Times* landete, dass es fünf Möglichkeiten gibt, Liebe auf natürliche Weise zum Ausdruck zu bringen, zu erfahren und zu verstehen.[16] Entdecken Sie Ihre bevorzugte Form, Liebe zu geben und zu empfangen, kann das Ihre Beziehung von Grund auf verändern – genau wie die Kommunikation des Liebesbekenntnisses. Wenn es einen Schlüssel zum Herzen des Menschen gibt, mit dem wir unser Leben teilen, dann steht er in Zusammenhang mit den Sprachen der Liebe.

Als Sprachtherapeutin gefällt mir, dass Gary Chapman die Sprachen der Liebe mit den verschiedenen Dialekten einer Sprache vergleicht. Er schreibt, dass eine Sprache aus linguistischer Sicht zahlreiche Mundarten oder lokale und regionale Varianten haben kann und dass es innerhalb der fünf grundlegenden emotionalen Sprachen der Liebe ebenfalls viele Dialekte gibt. Wichtig sei, die Liebessprache des Partners oder der Partnerin zu beherrschen.

Welches sind nun die fünf Sprachen der Liebe?

1. Worte der Anerkennung

Diese Sprache der Liebe umfasst aufrichtige Komplimente und Zustimmung, die wir zu schätzen wissen. Worte wie »Ich liebe dich« und spontanes Lob empfinden wir als aufbauend. Verbale Wertschätzung hat in dieser Sprache große Bedeutung und negative Bemerkungen werden nicht leicht verziehen.

2. Tatkräftige Unterstützung

Wenn in einer Beziehung die tatkräftige Unterstützung besonders hohe Wertschätzung genießt, sagen Taten mehr als Worte. Hier sollte die Liebe in erster Linie durch Liebesbeweise statt verbal zum Ausdruck gebracht werden. Bleiben sie aus, fühlen wir uns nicht ausreichend wertgeschätzt. Wenn das auf Ihre Beziehung zutrifft, bieten Sie immer Ihre Hilfe an, und falls die Schmerzen Sie daran hindern, überlegen Sie, wie Sie Ihren Partner oder Ihre Partnerin auf andere Weise unterstützen können.

3. Geschenke

Dr. Chapman erklärt, dass für einige Menschen ein Geschenk der nachhaltigste Ausdruck der Liebe ist. Sie sind nicht materialistisch, sondern freuen sich über die Gedanken und die Mühe, die mit solchen außerplanmäßigen Aufmerksamkeiten verbunden sind, und betrachten sie als Liebesgabe.

4. Gemeinsame Momente

Ungeteilte Aufmerksamkeit ist ein starker Ausdruck der Liebe für Menschen, die diese Sprachvariante wertschätzen. Ein wichtiger Aspekt ist hier, dass die Paare diese Zeit ausschließlich miteinander verbringen, um Erfahrungen und Gefühle ohne Ablenkungen oder Unterbrechungen zu teilen. Wenn das die bevorzugte Sprache der Liebe in Ihrer Beziehung ist, sind Zusammensein und gute Gespräche für die emotionale Entwicklung von zentraler Bedeutung. Ohne diese fokussierte Aufmerksamkeit wird sich am Ende keiner von beiden zufrieden oder getröstet fühlen.

5. Physische Berührung

Menschen, deren primäre Liebessprache der Körperkontakt ist, kommunizieren vor allem über liebevolle Berührungen. Diese Sprache der Liebe ist nicht nur dem Schlafzimmer vorbehalten. Sie kann über das rein Körperliche hinausgehen und das emotionale Bedürfnis nach Nähe erfüllen, zum Beispiel mit dem Austausch von Zärtlichkeiten, einer Umarmung, Händchenhalten, Küssen oder einer Massage.

Wenn Sie nach einer schnellen und kräfteschonenden Möglichkeit Ausschau halten, für neu sprühende Funken zu sorgen, ist diese Variante am besten geeignet. Ich empfehle Ihnen, sich mit den Sprachen der Liebe vertraut zu machen, um mehr über die bevorzugte Liebessprache Ihres Partners oder Ihrer Partnerin herauszufinden.[17] Die meisten Menschen haben in dieser Hinsicht bestimmte Vorlieben, aber ich bin sicher, dass Sie mehr als eine Form finden, Ihre Liebe zu kommunizieren, die Sie beide wertschätzen.

Lange Rede, kurzer Sinn

- *Wenden Sie sich Ihrem Partner oder Ihrer Partnerin liebevoll zu.*
- *Nehmen Sie auch die unterschwelligen Bitten um Aufmerksamkeit wahr und reagieren Sie darauf.*

- *Investieren Sie jeden Tag ein wenig Zeit und Energie, um Ihrem Schatz mit Aufmerksamkeit zu begegnen.*
- *Machen Sie sich mit den fünf Sprachen der Liebe vertraut.*
- *Lernen und versuchen Sie, Ihre Liebe in der bevorzugten Sprache Ihres Partners oder Ihrer Partnerin zum Ausdruck zu bringen.*

6
Kommunikationshack #3: Konflikte zügig lösen

Im letzten Kommunikationshack geht es um die Kunst der Konfliktbewältigung – eine echte Herausforderung, die eine Menge Fingerspitzengefühl erfordert. Meinungsverschiedenheiten vorzubeugen und in Rekordzeit zu bereinigen, falls (oder vielmehr: wenn) sie in Streit auszuarten drohen, ist eine Fähigkeit, an der alle arbeiten sollten, die unter chronischen Schmerzen leiden und die emotionale Bindung in ihrer Beziehung festigen möchten. Stress verstärkt bekanntlich die Schmerzsymptome und Ihnen fehlt, seien wir doch ehrlich, die Kraft, unnötige Spannungen zu ertragen.

Erklären Sie Ihre Entscheidungen

In den Wochen kurz nach unserer ersten Begegnung hatte ich mich ein paarmal mit Johann getroffen und seither aß ich fast jeden Abend Porridge. Nicht weil das mein Lieblingsgericht war – tatsächlich habe ich danach ein Jahr lang keinen Haferbrei mehr angerührt –, sondern weil Johann mir gefiel. Um mein Studium zu finanzieren, hatte ich einen Teilzeitjob in der Gastronomie angenommen und musste entscheiden, ob ich mein knappes Budget für gemeinsame Unternehmungen und das entsprechende Outfit oder für Lebensmittel ausgeben wollte. Ich entschied mich für Kleidung und Date.

Als wir einige Wochen später nach einem Konzert zu unseren Autos zurückgingen, fragte Johann: »Wie sieht's aus, gehst du nächste Woche mit mir essen?« Ich war selig, dass er mich wiedersehen wollte, reagierte aber mit einem einzigen Wort, einem nüchternen »Nein«.

Mein nächster Lohn war erst in vierzehn Tagen fällig, und ich wünschte mir sehnlichst, irgendetwas Grünes zu essen, wobei die Farbe eigentlich keine Rolle spielte, Hauptsache nicht weiß wie Haferbrei. In der folgenden Woche mit Johann essen zu gehen und mich danach noch einigermaßen ausgewogen zu ernähren war völlig unmöglich. Deshalb lautete meine Antwort schlicht und ergreifend »Nein«. Das Problem war, er hatte keine Ahnung, dass meine Reaktion mit meiner finanziellen Situation zusammenhing.

Dieses Gespräch kommt mir oft in den Sinn, wenn ich daran denke, wie Paare in einer von chronischen Schmerzen belasteten Beziehung miteinander kommunizieren. Wenn wir Schmerzen haben, treffen wir Entscheidungen, die sich auch auf den Partner oder die Partnerin auswirken und oft von heimlichen Kämpfen geprägt sind, die wir mit uns selbst ausfechten, die ihnen aber entgehen. Deshalb ist es wichtig, die Beweggründe zu erklären und Alternativen für abgelehnte Vorschläge anzubieten, damit sie wissen, dass wir uns trotz mangelnder Begeisterung oder einer unverblümten Zurückweisung aktiv in die Beziehung einbringen wollen und ihr absoluten Vorrang einräumen.

Wenn Sie aus irgendeinem Grund, der mit Ihren Schmerzen zusammenhängt, Nein sagen müssen, gibt es eine einfache Möglichkeit, behutsam an Ihre körperlichen Einschränkungen zu erinnern und gleichzeitig Ihre Liebe und Bereitschaft zum Ausdruck bringt, in die Beziehung zu investieren.

Stellen Sie sich vor, Ihr Partner schlägt ganz spontan vor, gemeinsam irgendetwas zu unternehmen, was nicht eingeplant war. Sie können nicht, weil Ihre Schmerzen auf einer Skala bei mehr als 8 verortet sind und Ihnen die Kraft fehlt. (Ein realistisches Szenario, oder?) Natürlich steht es Ihnen frei, »Nein, danke« zu sagen. Oder Sie begründen Ihre Entscheidung: »Tut mir leid, es geht nicht, weil ich Schmerzen habe (fügen Sie hier das Ausmaß entsprechend dem Wert auf der Schmerzskala ein). Ich würde so gern mit dir (fügen Sie die Aktivität ein). Was hältst du davon, wenn wir das auf einen anderen Zeitpunkt verschieben, zum Beispiel (fügen Sie die Zeit ein, in der die Schmerzen vergleichsweise gering sein dürften)? Dann kann ich mich darauf einstellen und mich vorher noch ein bisschen ausruhen.«

Erkennen Sie den Unterschied? Die zweite Reaktion schließt Folgendes ein:

- eine Erklärung, warum Sie nicht auf den Vorschlag Ihres Partners eingehen können, und
- einen Alternativplan.

Ich weiß, dass es einfach klingt, aber schwierig ist, wenn sich Ihre Gedanken auf das Überleben konzentrieren. Alternativen vorzuschlagen ist ein Kraftakt, wenn Sie sich mitten in einer Schmerzattacke befinden. Aber es ist wichtig, weil Sie damit zeigen, dass Sie Ihren Partner oder Ihre Partnerin nach wie vor lieben und die Beziehung höchste Priorität für Sie hat.

Die Perspektive wechseln

Kurz nachdem ich meine Diagnose erhalten hatte, bekam ich eines Morgens einen Anruf von Johann, der unterwegs war, um die Einkäufe zu erledigen. »Schatz, stell dir vor, was ich gerade entdeckt habe! Hier findet gerade ein *Sale* statt, die haben Pflege- und Mobilitätshilfen aus älteren Beständen im Angebot! Ich habe schon einen Duschhocker, einen Haltegriff für die Toilette, einen klappbaren Tischständer fürs Bett und Arthritis-Kompressionshandschuhe im Einkaufswagen!«

Ich war am Boden zerstört.

»Ich rufe nur kurz an, um zu fragen, ob du auch ein aufblasbares Hebekissen haben willst, das wäre eine gute Aufstehhilfe, zum Beispiel von der Couch«, fuhr Johann fort.

Jetzt war ich am Boden zerstört *und* wütend. »Ob *ich* eine Aufstehhilfe will? Nein! Einen *Haltegriff für die Toilette?* Nein, danke! Bring alles zurück!«

Der arme Johann stand völlig entgeistert im Laden und legte die Sachen zurück. Während er auf dem Heimweg war, hatten wir beide Zeit, uns in den anderen hineinzuversetzen. Ein Perspektivwechsel ist ein fantastisches Mittel, Konflikte beizulegen und die Beziehung zu stärken, vor allem, wenn unsichtbare Stressfaktoren, die Schmerzen, im Spiel sind. Wenn Sie nach einer schnellen Bereinigung der Spannungen Ausschau halten, die sich aufbauen, könnte diese Strategie die Lösung sein.

Jedes Problem, das in einer Beziehung auftaucht, kann aus drei verschiedenen Blickwinkeln betrachtet werden:

- **Aus der eigenen Perspektive:** Das ist die erste und leichteste Sichtweise. Hier geht es um Ihre eigenen Gedanken und Gefühle, die Einfluss darauf haben, wie Sie ein Problem wahrnehmen.

- **Aus der Perspektive des Partners oder der Partnerin:** Hier geht es darum, das Problem aus seiner oder ihrer Warte zu betrachten, die vielleicht von völlig anderen Gedanken und Gefühlen geprägt ist.
- **Aus der Perspektive außenstehender Personen:** Hier geht es darum, wie andere, die nicht unmittelbar von der Situation betroffen und neutral sind, das Problem wahrnehmen.

Obwohl ich stocksauer auf Johann war, richtete sich meine Wut in Wirklichkeit nicht gegen ihn. Sie verstehen vermutlich, warum ich so reagiert habe. Ich war noch keine dreißig und nicht bereit, mir mehr Mobilitätshilfen als meine achtzigjährige Großmutter anzuschaffen! Ich war überwältigt von Wut, Scham und Enttäuschung.

Nach seiner Rückkehr erkannte er ziemlich schnell, wie die Situation aus meiner Perspektive aussah. Und mir wurde bewusst, dass er bei seinem Anruf vermutlich ein dickes Lob erwartet hatte. Im Grunde hatte er es ja verdient: Er war auf meine Beschwerden eingegangen und hatte Lösungen gefunden. In einem Punkt waren wir uns einig: Wenn ich weniger Schmerzen hatte, musste er sich weniger Sorgen machen. Was mir das Leben leichter machte, machte auch sein Leben leichter. Wir fanden einen Kompromiss. Am nächsten Tag fuhren wir gemeinsam in den Laden und wählten *eine* Mobilitätshilfe aus. Fazit: Wenn Paare sich in den anderen hineinversetzen, entdecken sie eher Lösungen, die den Bedürfnissen beider Parteien gerecht werden.

Harville Hendrix und Helen LaKelly Hunt schreiben in ihrem Buch *Making Marriage Simple*, dass Konflikte Wachstum und Entwicklung begünstigen. Konflikte rufen Unbehagen hervor, laden aber auch dazu ein, die Situation aus einer neuen Perspektive zu betrachten. Wir haben also die Wahl. Wir können entscheiden, uns so zu verhalten, dass der Konflikt bestehen bleibt. Oder wir wandeln den Konflikt in kreative Spannung um, die neue Einsichten hervorbringt.[18]

Gelingt es Ihnen, Probleme aus der Warte Ihres Partners oder Ihrer Partnerin zu betrachten? Wenn nicht, sollten Sie den Perspektivwechsel üben, sobald sich Spannungen aufbauen. Am Anfang trägt diese Strategie vor allem dazu bei, Meinungsverschiedenheiten zu bereinigen. Doch wenn Sie diese Kunst besser beherrschen, werden Sie feststellen, dass Sie Unstimmigkeiten ganz vermeiden können, wenn Sie bereits im Vorfeld versuchen, sich in Ihren Lieblingsmenschen hineinzuversetzen. Der Perspektivwechsel hat eine magische Wirkung.

Wenn sich Streit abzeichnet

Natürlich wollen wir Konflikte um jeden Preis vermeiden. Doch wenn Sie das Gefühl haben, dass sich Ihr Partner, Ihre Partnerin zeitweise auf Konfrontationskurs befindet, sollten Sie einige Dinge in Betracht ziehen, um eine Eskalation zu vermeiden.

Vergessen Sie nicht, dass Sie während eines Konflikts immer die Wahl zwischen einer *wohlüberlegten Stellungnahme* und einer *emotionsgeladenen Reaktion* haben. Gehen Sie achtsam miteinander um, wenn Sie beide unter Anspannung stehen. Verzichten Sie jetzt auf einen Perspektivwechsel, nehmen Sie Ihre eigenen Gefühle unter die Lupe (von denen viele auftauchen, sobald Schmerzen im Spiel sind). Wenn die Nerven blank liegen, sollten Sie den Blick auf die Gedanken richten, die Ihnen durch den Kopf gehen, und sich fragen, ob sie den Tatsachen entsprechen und inwieweit die Schmerzen dazu beitragen, die verbale Auseinandersetzung zu verschärfen. Halten Sie emotionsgeladene Reaktionen im Zaum und entscheiden Sie sich für eine wohlüberlegte Stellungnahme, die Sie in Einklang mit dem Menschen bringt, der Sie in Ihrer Beziehung sein möchten. Ich gebe zu, das ist nicht leicht, meine Lieben, aber ungeheuer wirkungsvoll.

Negative Kommunikationsmuster

Es gibt vier negative Kommunikationsstile, die Paare tunlichst vermeiden sollten. In Konfliktsituationen sollten Sie besonders auf sie achten – von John Gottman[19] werden sie nicht von ungefähr als die »vier apokalyptischen Reiter« bezeichnet – und sie schnellstmöglich aus Ihrem Repertoire streichen. Warum? Weil sie als Beziehungskiller gelten. Sie programmieren das Scheitern der Beziehung geradezu vor. Wollen Sie wissen, um welche Kommunikationsmuster es sich handelt, damit Sie künftig Abstand davon nehmen können?

Das Erste ist Verachtung. Die anderen drei sind abwertende Kritik, Abwehrhaltung und Mauern (Blockieren und Dichtmachen). Verachtung nimmt eine Sonderstellung ein, denn sie ist ein sicheres Kennzeichen dafür, dass die Beziehung in die Brüche gehen wird. Verachtung in einer Partnerschaft deutet auf starke Abneigung und mangelnden Respekt hin, angetrieben von negativen Gedanken und der Herabwürdigung des Partners oder der Partnerin. Eine zerstörerische Konstellation.

Wie erkennt man Verachtung? Zu den weitverbreiteten Merkmalen gehören Augenverdrehen, sarkastischer Tonfall, Beleidigungen, höhnisches Lächeln und offene Zurückweisung, Geringschätzung und Respektlosigkeit. Manchmal sind die Anzeichen subtiler, zum Beispiel in abfälligen Bemerkungen verborgen. Wie bereits gesagt, nicht nachahmenswert.

Negativ-Kommunikationsmuster Nummer zwei und drei sind abwertende Kritik und Abwehrhaltung. Sie sind dadurch gekennzeichnet, dass man an allem etwas auszusetzen hat: am Charakter des Partners oder der Partnerin, an ihren persönlichen Überzeugungen, Werthaltungen oder Ansichten. Das verletzt das Identitätsgefühl und die Selbstachtung. Abwertende Kritik weicht die emotionale Sicherheit in der Beziehung auf und beeinträchtigt das persönliche Wohlbefinden.

Interessanterweise ist das dritte Muster, die Abwehrhaltung, oft eine automatische emotionale Reaktion auf abwertende Kritik. Eine Reaktion, die Sie ebenfalls nach Möglichkeit vermeiden sollten, weil sie die Fähigkeit untergräbt, die Perspektive zu wechseln.

Das letzte negative Kommunikationsmuster, das Mauern, ist ein Thema, das nur selten zur Sprache kommt. Es handelt sich um eine »Blockadehaltung«, die Menschen einnehmen, wenn sie sich nicht mit einem Problem auseinandersetzen wollen, sondern sich aus Interaktionen oder einem echten verbalen Austausch zurückziehen und nicht mehr bereit sind, sich auf andere einzulassen. Chronisch Erkrankte fühlen sich dadurch oft überfordert. Wenn diese ohnehin schwierige Situation noch durch einen Beziehungskonflikt verschärft wird, braut sich ein Sturm zusammen, der einen Rückzug von Ihrem Partner oder Ihrer Partnerin bewirkt, sobald Spannungen entstehen. Bevor Sie damit beginnen, sich abzuschotten, sollten Sie mutig sein und offen eingestehen, dass Sie sich überfordert fühlen und eine Auszeit brauchen. Die physischen Kämpfe, die wir ausfechten müssen, geraten leicht in Vergessenheit, vor allem während eines Konflikts.

Alternativen zu negativen Kommunikationsmustern

Wenn Sie also eine starke und erfüllte Beziehung aufbauen wollen, gilt es, negative Kommunikationsmuster weitmöglichst zu verringern – oder besser noch: sie ganz aus dem Repertoire zu streichen. Die Frage ist nur: Wie? Wie legt man negative Gewohnheiten ab, die sich in eine Beziehung eingeschlichen haben, um sich wieder mit mehr Zuwendung zu begegnen und bewusst liebevoller miteinander zu kommunizieren? Hier eine Liste mit Vorschlägen, die Sie als Starthilfe in Betracht ziehen können:

- Bringen Sie Ihre Gefühle und Bedürfnisse zum Ausdruck.
- Vermeiden Sie Vorwürfe und verwenden Sie stattdessen mehr Ich-Aussagen.
- Achten Sie darauf, Ihrem Partner oder Ihrer Partnerin mit Respekt zu begegnen.
- Rufen Sie sich positive gemeinsame Erinnerungen ins Gedächtnis zurück.
- Bekunden Sie Empathie.
- Halten Sie nach Möglichkeiten Ausschau, Ihren Partner oder Ihre Partnerin zu unterstützen.
- Geizen Sie nicht mit Anerkennung.
- Halten Sie sich drei Eigenschaften Ihres Partners, Ihrer Partnerin vor Augen, für die Sie jeden Tag dankbar sind.
- Lernen Sie die Sprache der Liebe, die Ihr Partner, Ihre Partnerin bevorzugt, und zeigen Sie einander immer wieder, wie tief Ihre Gefühle sind.
- Treten Sie in Resonanz mit den Versuchen Ihres Gegenübers, Ihre Aufmerksamkeit zu gewinnen.
- Machen Sie sich alle negativen Kommunikationsmuster bewusst, die sich in Ihre Beziehung eingeschlichen haben, und achten Sie darauf, sie zu vermeiden.

Um ehrlich zu sein: Chronische Schmerzen sind eine stressreiche Lebenssituation, an die sich Paare anpassen müssen. Und falls Konflikte in Ihrer Beziehung an der Tagesordnung sind und Sie es sich angewöhnt haben, in solchen Fällen auf Distanz zueinander zu gehen, braucht es mehr als ein paar Kommunikationshacks, um den Teufelskreis zu durchbrechen. Vielleicht nehmen Sie einen Beziehungsratgeber wie *Die sieben Geheimnisse der glücklichen Ehe* von John Gottman zur Hand oder beschließen, mit anders gearteter Hilfe tiefer zu graben, um der eigentlichen, primären Ursache Ihrer negativen Interaktionen auf den Grund zu gehen. Es gibt viele professionelle Herangehensweisen an dieses Problem, unter anderem die Emotionsfokussierte Therapie (EFT)[20], ein besonders effektiver psychotherapeutischer Ansatz, wie Studien belegen, bei dem das emotionale Erleben der Patientinnen und Patienten im Vordergrund steht. Dieses Verfahren, das von Susan Johnson und Les Greenberg entwickelt wurde, ist darauf ausgerichtet, Einzelpersonen und Paaren den Umgang mit emotionalen Belastungen zu erleichtern. Es ist auf das Bindungsmodell der Nähe und Intimität im Erwachsenenalter zugeschnitten und stützt sich auf die Theorie, dass in einer Paarbeziehung eine ähnliche emotionale Bindung wie bei der Eltern-Kind-Bindung vorherrscht.[21]

Auf unserer Reise mit chronischen Schmerzen sind wir vielen schwierigen und leidvollen Gefühlen und Empfindungen ausgesetzt. Angst, Schuld-, Scham- und Verlustgefühle, Traurigkeit und Wut sind keine Seltenheit. Genau wie ein Kind in schwierigen Situationen das angeborene Bedürfnis nach einer sicheren emotionalen Bindung hat, möchten wir in unseren erwachsenen romantischen Beziehungen die Gewissheit haben, dass unser liebster Mensch für uns da ist, zur Kenntnis nimmt, dass wir leiden, uns ein Gefühl der Sicherheit gibt und Trost spendet. Wenn diese Unterstützung in stressreichen Situationen fehlt – weil Partner oder Partnerin emotional nicht zugänglich, nicht empathisch oder nicht bereit ist, sich aktiv einzubringen (die Schlüsselelemente der Bindungssicherheit) – kann ein solches Verhalten zu Konflikten, Wut, Ängsten und Rückzug führen. Das Ergebnis ist oft, dass sich die Fronten verhärten: Kritik und Wut auf der einen Seite, Abwehrhaltung und Distanz auf der anderen Seite.[22]

In ihrem Buch *Halt mich fest. Sieben Gespräche über lebenslange Liebe* erklärt die Paartherapeutin Sue Johnson, dass wir das Gefühl haben, unser Sicherheitsempfinden sei gefährdet, wenn wir die emotionale Verbundenheit mit dem Menschen verlieren, den wir lieben. Und wenn wir mit der Sprache einer sicheren Bindung nicht vertraut sind, übermitteln wir keine klaren Botschaften über das, was wir brauchen oder wie wichtig uns unsere liebste Bezugsperson ist. Sue Johnson weist darauf hin: Je länger in einer Beziehung das Gefühl vorherrscht, die Bindung zueinander verloren zu haben, desto negativer werden die Interaktionen.[23]

Falls diese Beschreibung auch auf Ihre Beziehung zutrifft, ermutige ich Sie, professionelle Hilfe in Anspruch zu nehmen, idealerweise in Form einer Emotionsfokussierten Therapie.

Auch wenn Sie Bindungsproblemen, die Ihre Beziehung betreffen, lieber in eigener Regie auf den Grund gehen möchten (ein schwieriges Unterfangen), ist das oben erwähnte Buch ein hervorragender Begleiter auf Ihrer Reise zur Stärkung der Verbundenheit und des Wohlbefindens in der Partnerschaft. Es kann sogar dazu beitragen, Beziehungen zu retten. Trost, emotionale Sicherheit, Engagement und Reaktionsbereitschaft auf beiden Seiten sind gerade bei chronischen Erkrankungen von zentraler Bedeutung. Sie stellen die Lebensader einer starken und erfüllten Beziehung dar.

Lange Rede, kurzer Sinn

- *Setzen Sie die Lösung von Konflikten an die erste Stelle Ihrer Prioritätenliste, indem Sie Ihre Entscheidungen oder Bitten erklären.*
- *Bevor Sie aus einem Impuls heraus reagieren, sollten Sie das Problem aus der Perspektive Ihres Partners oder*

Ihrer Partnerin betrachten und auch den Einfluss Ihrer eigenen Gefühle unter die Lupe nehmen.

- *Hüten Sie sich vor den vier »apokalyptischen Reitern«: Verachtung, abwertende Kritik, Abwehrhaltung und Mauern. Sie können sich zu Beziehungskillern entwickeln.*
- *Greifen Sie zu Strategien, die verhindern, dass die vier negativen Kommunikationsmuster Ihre Beziehung torpedieren.*
- *Scheuen Sie sich nicht, professionelle Hilfe in Anspruch zu nehmen.*

TEIL 2

VERBORGENER KUMMER

7
Zwei Seelenverwandte – Schmerzen und psychische Gesundheit

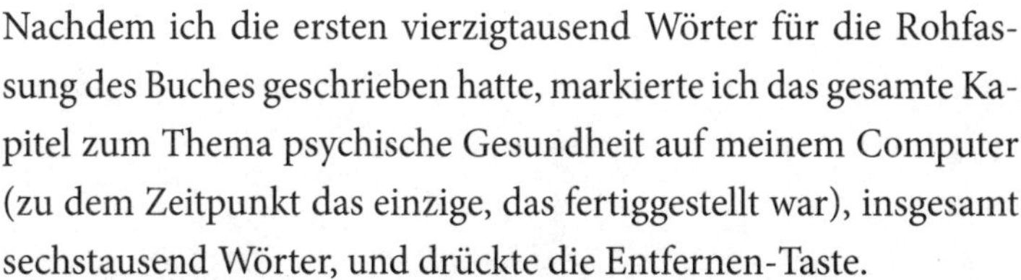

Nachdem ich die ersten vierzigtausend Wörter für die Rohfassung des Buches geschrieben hatte, markierte ich das gesamte Kapitel zum Thema psychische Gesundheit auf meinem Computer (zu dem Zeitpunkt das einzige, das fertiggestellt war), insgesamt sechstausend Wörter, und drückte die Entfernen-Taste.

Danach konnte ich gerade noch ein paar Schlüsselideen für die neue Version des Kapitels eintippen, bevor eine der Stationsschwestern erschien, um mir zu erklären, wo sich die Cafeteria der Klinik befand, in der es Frühstück gab. Allerdings erst in einer Stunde, sodass mir Zeit blieb, damit klarzukommen, wo ich mich befand. In einer privaten psychiatrischen Klinik. Es dauerte einen ganzen Monat, bis ich meinen Laptop wieder aufklappte.

Wenige Wochen zuvor war ich noch der Überzeugung gewesen, ein grandioses Kapitel über die psychische Gesundheit geschrieben zu haben. Wer war schließlich besser geeignet, den Zusammenhang zwischen psychischer Gesundheit und Schmerzen zu erklären als ich? Eine Frau, die unter chronischen Schmerzen leidet, Geschäftsführerin von zwei florierenden Privatkliniken für psychische Gesundheit ist, eine Menge in ihr eigenes mentales

Wohlbefinden investiert hatte und, was sonst, mit einem klinischen Psychologen verheiratet ist.

Wie sich herausstellte, hatte ich jedoch noch einiges dazulernen müssen. Was offenkundig wurde, als mir ein Schmerzmittel verordnet wurde, das schwere Nebenwirkungen in Form von Depressionen und Angstzuständen auslöste (mit einem Hauch Sozialphobie »on top«, wie einer der Fachärzte der Klinik mit einem schiefen Grinsen sagte.)

Ehrlich gesagt, ein paar Wochen nachdem das Medikament abgesetzt wurde und die Symptome abgeklungen waren, fand ich den Gedanken an dieses Drama *beinahe* komisch. Bis heute bringe ich es jedoch nicht über mich, guten Gewissens darüber zu lachen, denn ich weiß, dass zwanzig Patienten und Patientinnen, die damals auf der gleichen Station wie ich waren, und viele andere, die täglich mit Depressionen und kräftezehrenden Angstzuständen zu kämpfen haben, die gleichen traumatischen Erfahrungen machen. Ihnen gilt mein tiefes Mitgefühl.

Als ich mich schließlich von der Reaktion auf das Medikament erholt hatte und meinen Laptop wieder öffnete, entstand das Kapitel, das Sie jetzt lesen. Es unterscheidet sich von der ersten Version, die aus der Zeit stammte, *bevor* ich durch die Hölle einer schweren Depression gegangen war. Die neue Botschaft, die ich Ihnen mit auf den Weg geben möchte? Mentale Probleme sind ernst zu nehmen.

Eine gelungene Beziehung hängt nicht zuletzt von Ihrer Bereitschaft ab, Unterstützung bei der Bewältigung von psychischen Problemen in Anspruch zu nehmen. (Wie Sie sicher bemerkt haben, ist nicht von *überwinden* die Rede.) Zu den wichtigsten Forschungsergebnissen, die den Zusammenhang zwischen chronischen Schmerzen und die Auswirkungen auf Beziehungen betreffen, gehört meiner Meinung nach die Erkenntnis: *Die Zufriedenheit in einer Beziehung wird nicht nur von der Schmerz-*

intensität der chronisch erkrankten Person, sondern vom psychischen Wohlbefinden ***beider*** *Partner bestimmt.*[24]

Alles klar? Denken Sie einmal einen Moment darüber nach. Sie lesen dieses Buch, weil Sie sich eine Beziehung wünschen, in der das Gefühl der Erfüllung und Freude Raum hat. Sie glauben vielleicht, dieses Ziel zu erreichen wäre vor allem von Ihrer Fähigkeit abhängig, die Schmerzen zu verringern. Doch Studien weisen auf einen anderen machtvollen Weg zu mehr Zufriedenheit in der Beziehung hin, und der führt über die Verbesserung Ihrer psychischen Gesundheit. **Und nicht nur Ihrer, sondern auch der Ihres Partners oder Ihrer Partnerin.**

Im akuten Schmerzzustand erhöht sich das Risiko, dass sowohl Depressionen als auch Ängste von alarmierender Intensität auftreten, und wie wir wissen, können sich diese beiden Erkrankungen gegenseitig noch verstärken.[25] Laut einer Studie der Weltgesundheitsorganisation WHO, die vierzehn Länder umfasste, war bei 22 Prozent der Untersuchten die Anzahl der Angst- und depressiven Störungen, die in Verbindung mit chronischen Schmerzen auftraten, um das Vierfache höher.[26] Es gibt, falls überhaupt, nur wenige Erkrankungen, die so offenkundig mit psychischen Problemen in Zusammenhang stehen.[27] Für Sie ist das wahrscheinlich keine Überraschung.

Depressionen

Chronische Schmerzen gehen mit Einschränkungen und Anforderungen einher, die sich im akuten Schmerzzustand auf die Bewältigung Ihres Alltags, auf Ihre Identität, Ihre Ziele und Ihre Freizeitaktivitäten auswirken. Man muss nicht in der Forschung tätig sein, um herauszufinden, warum anhaltende Schmerzen die Stimmung beeinträchtigen können.

Vermutlich wurde Ihnen bisher aber noch nicht nahegelegt, sich aufgrund Ihrer Stimmungsschwankungen professionelle Hilfe zu suchen. Die Einschätzung, ob eine psychische Störung vorliegt, kann bei chronischen Schmerzerkrankungen ein schwieriges Unterfangen sein. Um sich Klarheit zu verschaffen, halten Fachleute nach *diagnostischen Warnhinweisen* Ausschau. Die formale Diagnose einer Depression wird entsprechend dem *Diagnostischen und Statistischen Manual Psychischer Störungen (DSM-5)* anhand verschiedener Kernsymptome wie anhaltende depressive Verstimmung, Interesse- oder Freudlosigkeit über einen Zeitraum von mindestens zwei Wochen definiert. Dazu kommen mindestens vier der folgenden Zusatzsymptome, die längere Zeit täglich auftreten:

- erheblicher Gewichts- oder Appetitverlust
- Schlafstörungen, zum Beispiel Schlaflosigkeit oder »Schlafsucht« (Hypersomnie)
- Antriebsmangel oder Steigerung des Aktivitätsniveaus
- Erschöpfung, Gefühl der Wertlosigkeit oder übermäßige Schuldgefühle
- Beeinträchtigung der Denk-, Konzentrations- oder Entscheidungsfähigkeit
- wiederkehrende Gedanken an Tod oder Suizid, Suizid-Ankündigungen, Pläne oder Versuche.[28]

Zu klären, ob eine Depression vorliegt, ist eine schwierige Aufgabe für diejenigen, die den Gesundheitszustand von Menschen mit chronischen Schmerzen begutachten sollen. Wissen Sie, warum? Chronische Schmerzen und Erkrankungen führen zu den gleichen Kern- und Zusatzsymptomen, die als Warnhinweise für eine Depression gelten. Kein Wunder also, dass die Betroffenen eine Zeit lang unter dem Radar blieben. Das ist gerade für Paare alles andere als ideal, weil Studien belegen, dass vor allem depressive Symptome mehr noch als andere schmerzbezogene Einflussfaktoren zu Beziehungsstress beitragen.[29] Deshalb ist es wichtig, professionelle Hilfe in Anspruch zu nehmen, um sich Klarheit zu verschaffen, ob die Schwierigkeiten auf die Schmerzen oder auf psychische Probleme zurückzuführen sind, vor allem auf eine Depression.

In seinem Buch *Depressive Illness. The curse of the strong* schreibt Tim Cantopher, dass die klinische Depression eine Erkrankung mit physischen Auswirkungen ist, letztlich wie eine Lungenentzündung oder ein gebrochenes Bein. Der wichtigste Schlüssel zur Genesung bestehe darin, zu begreifen, dass es sich um eine solche Erkrankung handelt.[30]

Eine Depression ist nicht nur eine Gemütsstörung, sondern auch eine reale, kräftezehrende physische Erkrankung, die unermessliches Leid und ein Gefühl der Hoffnungslosigkeit verursacht. Lassen Sie sich nicht einreden, dass Sie sich das Ganze nur einbilden und sich einfach mal »zusammenreißen« sollten.

Menschen, die unter chronischen Schmerz leiden, haben ihre Erfahrungen mit Depressionen folgendermaßen beschrieben:

> *»Das ist so, als würde sich in meinem Bewusstsein eine Schleuse öffnen und jedem negativen Gedanken erlauben, ungehindert und mit voller Wucht hindurchzufließen. Ich versuche, diese Schleusentore zu verschließen, aber ich habe keinen Einfluss auf sie. Die negativen Gedanken übernehmen die Kontrolle und überwältigen mich mit Schuldgefühlen und Selbsthass.«*

> *»Wenn ich in die Depression eintauche, kommt es mir so vor, als würden mein Geist und meine Seele von dichtem Nebel verschluckt. Manchmal ist es für mich unerträglich, auch nur die Augen zu öffnen oder die kleinste Bewegung*

zu machen. Ich sehne mich danach, etwas zu empfinden, doch das einzige Gefühl ist schwerwiegende Hoffnungslosigkeit und Lethargie.«

»Es ist so, als wäre mein Körper plötzlich sein eigener Feind. Der eine Teil von mir kämpft mit aller Macht gegen den Hass, während sich der andere besiegt und hilflos fühlt.«

»Es ist so, als würde man in einem Ozean der Leere baden.«

Depressionen fordern in intimen Beziehungen einen erheblichen Tribut. Die Paare, die das Problem aus eigener Anschauung kennen, würden vermutlich einräumen, dass ihre Interaktionen leiden und es ihnen schwerfällt, die gemeinsamen Stunden zu genießen. Sie würden vielleicht erklären, dass sich der depressive Teil oft innerlich zurückzieht, sich verloren und überwältigt fühlt, mit Schuld- und Schamgefühlen kämpft oder unter Antriebslosigkeit leidet, während der andere Teil der Partnerschaft jede Form der Nähe meidet, um Konflikte, Verwirrung oder heimlichen Groll zu begrenzen. Und sie würden wahrscheinlich schildern, wie schwierig es ist, nicht in einem Muster steckenzubleiben, das die depressiven Symptome und Schwierigkeiten in der Beziehung noch verstärkt, weil beide Probleme in Wechselwirkung zueinanderstehen und zyklisch verlaufen, ähnlich wie Ängste.

Angst

Angst ist ein Gefühl, das durch sorgenvolle Gedanken an künftige Ereignisse gekennzeichnet ist. Vermutlich muss ich Ihnen nicht beschreiben, was damit gemeint ist. Studien belegen, dass chronische Schmerzen und Angst oft gleichzeitig vorhanden sind, und tatsächlich lassen die Ergebnisse sogar die Schlussfolgerung zu, dass die Entwicklung chronischer Schmerzen mit hoher Wahrscheinlichkeit von Angst angezeigt wird.[31]

Menschen mit Angststörungen erkranken häufiger an Gelenkentzündungen, Angstanfälle werden darüber hinaus auch mit den Schmerzen infolge einer fortgeschrittenen rheumatoiden Arthritis in Verbindung gebracht.[32] Rücken- oder Nackenschmerzen gehen doppelt so häufig mit Panikattacken (wiederkehrenden, plötzlich auftretenden starken Angstgefühlen, gepaart mit der Angst vor weiteren Panikattacken) und Sozialphobien einher (Ängsten, die in sozialen Situationen auftreten). Bei Menschen, die unter Rücken- oder Nackenschmerzen leiden, kann mit dreimal höherer Wahrscheinlichkeit eine generalisierte Angststörung entstehen, anhaltende schwere Angstzustände, die eine Bewältigung des Alltags beeinträchtigen.[33]

Interessanterweise besteht ein besonders starker Zusammenhang zwischen angstbezogenen Störungen und chronischen Schmerzen bei Menschen, die unter Panikattacken und Posttraumatischen Belastungsstörungen (PTBS) leiden.[34] PTBS ist eine psychische Erkrankung. Sie umfasst eine Reihe von Stressreaktionen, die auf ein unverarbeitetes, als lebensbedrohlich empfundenes Ereignis zurückzuführen sind. Bei den Betroffenen ist das Risiko, chronische Schmerzen zu entwickeln, besonders hoch.[35]

Es gibt noch mehr über die Bedeutung des Zusammenhangs zwischen Angstanfällen und Schmerzen zu berichten. Doch zuerst befassen wir uns eingehender mit den Störungen, die auf traumatische und stressreiche Erfahrungen zurückzuführen sind, vor allem auf die PTBS. Sie zeigt besonders anschaulich, warum Angst- und Schmerzzustände so eng miteinander verknüpft sind. Und weist einmal mehr darauf hin, wie wirkmächtig unser körpereigenes Alarmsystem ist.

Lange Rede, kurzer Sinn

- *Psychische Gesundheitsprobleme sollten ernst genommen werden.*
- *Bei Menschen, die unter chronischen Schmerzen leiden, besteht ein hohes Risiko, Depressionen und Angststörungen zu entwickeln.*
- *Der Erfolg einer Beziehung hängt vom Erhalt des psychischen Wohlbefindens ab.*
- *Bei Depressionen und Angstzuständen empfiehlt es sich, professionelle Hilfe in Anspruch zu nehmen.*

8
Trauma und chronische Schmerzen

Als ich ein Kind war, hatten meine Mutter und ich ein geheimes Handzeichen vereinbart. Wenn ich es sah, sollte ich loslaufen und mich im Garten eines nahe gelegenen Hauses verstecken. Vor meinem Vater, wohlgemerkt. Mein Vater war ein Mensch, dessen Stimmung oft schneller in sinnlose Wut umschlug, als ich mich in Sicherheit zu bringen vermochte. Außerdem war er während eines Teils meiner Kindheit alkoholabhängig. Seine Wutausbrüche machten mir furchtbare Angst, und als kleines Mädchen konnte ich nichts tun, um sie zu verhindern. Ich erinnere noch an viele Autofahrten in rasendem Tempo, mein Vater am Steuer, der einen Tobsuchtsanfall hatte, und ich neben ihm wie erstarrt auf dem Beifahrersitz, wo ich die Lichter der Verkehrsampeln an mir vorbeirauschen sah.

Als ich älter war, ließen sich meine Eltern scheiden, und meine Mutter, meine Geschwister und ich zogen an das andere Ende unserer kleinen Stadt im australischen Outback, wo die Belastungen des Zusammenlebens mit meinem Vater nachließen. Doch nun kam neuer Stress aus einer anderen Quelle hinzu. Die Kinder in meiner neuen Schule stellten fest, dass mein Zuhause nicht so komfortabel wirkte wie das ihrer Eltern. Es ist mir ein Rätsel, wie sie ihre Prüfungen schafften, denn viele kurvten den ganzen

Nachmittag mit dem Fahrrad an unserem Haus vorbei, wobei sie Kieselsteine in Richtung der Fensterscheiben warfen und aus voller Kehle »arme Schlucker« schrien.

Ich frage mich oft, ob sie wohl Feldsteine als Wurfgeschoss verwendet oder uns noch übler beschimpft hätten, wenn sie jemals in unserem Haus gewesen wären und gesehen hätten, dass unser Kühlschrank so gut wie leer war und wir weder ein Sofa noch einen Esstisch besaßen. Das war nur ein angstauslösender Gedanke unter Tausenden, über den ich mir als Kind den Kopf zerbrach.

Warum ist meine Geschichte bezeichnend?

Studien belegen, dass Menschen, die Traumata erlebt haben und unter einer Posttraumatischen Belastungsstörung leiden, erheblich häufiger an chronischen Schmerzerkrankungen leiden[36], wie schon im letzten Kapitel erwähnt. In einer Studie, die den Zusammenhang zwischen Kindheitstraumata und drei Schmerzerkrankungen erforschte (Faszienschmerzen, Myofasziales Schmerzsyndrom und Fibromyalgie) wurde festgestellt, dass mehr als 48 Prozent der Betroffenen in allen Schmerzgruppen eine Trauma-Vorgeschichte hatten. Die Anzahl stieg bei denjenigen, die unter einer Fibromyalgie litten, sogar auf 64,7 Prozent.[37] Traumatische Kindheitserlebnisse werden auch mit einer drei- bis achtfach höheren Anfälligkeit für das Chronische Fatigue- oder Erschöpfungssyndrom in Verbindung gebracht.[38]

Doch zurück zur Posttraumatischen Belastungsstörung. Studien weisen darauf hin, dass sie chronische Schmerzen auslösen und aufrechterhalten kann. Umgekehrt gilt, dass chronische Schmerzen ihrerseits eine PTBS auslösen und aufrechterhalten können.[39] Mit den Ursachen und Wirkungen könnte man ein ganzes Buch füllen.

Natürlich heißt das nicht, dass ein Trauma die unmittelbare Schmerzursache ist. Tatsächlich haben Sie vielleicht nie eine traumatische Erfahrung gemacht. Es bedeutet jedoch, dass eine Wechselwirkung und eine erhöhte Anfälligkeit für Schmerzerkrankungen bestehen. Das zu verstehen ist wichtig, wenn Sie nicht nur unter chronischen Schmerzen, sondern auch unter psychischen Problemen leiden und die Kontrolle über sich selbst und die Zukunft ihrer Beziehung zurückgewinnen wollen.

Das körpereigene Alarmsystem

Sie erinnern sich bestimmt daran, dass wir unser körpereigenes, automatisches Alarmsystem (der Teil unseres Gehirns, der für unsere Sicherheit verantwortlich ist) mit einer Alarmanlage im Haus verglichen haben, die sich verselbstständigen und auf potenzielle Bedrohungen, zum Beispiel einen vermeintlichen Einbruch, irgendwann überreagieren kann. Trauma und Angstzustände können erkennbare physiologische Veränderungen hervorrufen, was man als Fehlfunktion des Alarmsystems in unserem Gehirn bezeichnen könnte, die eine Hyperwachsamkeit gegenüber möglichen Bedrohungen zur Folge hat.

Oliver James, klinischer Psychologe und Autor des Buches *They F*** You Up*, hat genau diesen Punkt unter die Lupe genommen und festgestellt: Kindheitstraumata können dazu beitragen, dass Kinder in einem kontinuierlichen Zustand höchster Alarmbereitschaft heranwachsen.[40] Bei ihnen liegt eine dauerhafte Überaktivität der Stressreaktion vor.

Erst mit 27 hörte ich auf, das Aggressionspotenzial von Menschen einzuschätzen, mit denen ich zum ersten Mal in Kontakt kam. Wenn ich einen Raum betrat, in dem sich zahlreiche Menschen aufhielten, scannte ich buchstäblich alle Anwesenden, um herauszufinden, wie hoch das Erregungsniveau und wie groß die Gefahr eines unerwarteten Wutausbruchs war. Diese Gewohnheit war meinem überreizten Nervensystem geschuldet, das sich in einem permanenten Alarmzustand befand und meinen Körper mit Stresshormonen flutete. Das kann passieren, wenn wir ein Trauma erlitten haben oder unter einer Angststörung leiden. Unser Alarmsystem läuft ständig auf Hochtouren. Wir werden hyperwachsam, achten auf jede potenzielle Bedrohung, und unsere Aufmerksamkeit ist darauf fixiert, unser Überleben zu sichern.

Und genau das ist das Problem. Wir haben nur ein Alarmsystem und nicht zwei voneinander getrennte, von denen das eine auf Ängste und das andere auf Schmerzen spezialisiert ist. Unser Nervensystem ist ungeheuer komplex, und bei chronischen Schmerzen und Angstzuständen wird derselbe Prozess aktiviert, um lebensbedrohliche Gefahren (gleich ob real oder vermeintlich) von uns abzuwenden.[41] Wenn das zentrale Nervensystem ständig auf Hochtouren arbeitet und aufgrund unserer Angstzustände hyperwachsam ist, fällt es uns vermutlich schwer, den Knopf zu finden, um die Stärke der Schmerzen herunterzuregulieren.

Aus diesem Grund und weil die psychische Gesundheit ein Schlüsselfaktor für eine erfüllende Beziehung ist, lohnt es sich zu lernen, wie Sie Ihr emotionales Befinden verbessern (was eine vergleichbare Wirkung auf Ihr körperliches Befinden hat, das heißt, die Schmerzen reduziert). Schmerzen sind, wie gesagt, ein vielschichtiges Phänomen. Das emotionale Wohlbefinden ist nur ein Baustein von vielen, der zur Verbesserung Ihrer Situation beiträgt, und die damit verbundene Arbeit lässt sich aus verschiedenen Blickwinkeln angehen.

Wenn Sie unter psychischen Problemen leiden, empfehle ich Ihnen als Erstes, professionelle Hilfe in Anspruch zu nehmen. Mir ist bewusst, dass dieser Schritt für einige Menschen schwierig sein kann. In unserer Gesellschaft ist der Gedanke verbreitet, dass wir uns einfach mal zusammenreißen und unser Leben auf die Reihe kriegen sollten. Doch manchmal sind wir, auch wenn wir uns noch so sehr bemühen, außerstande, uns aus eigener Kraft aus dem emotionalen Kampf zu befreien. Wenn wir uns ein Bein brechen oder krank werden, ist es für uns selbstverständlich, dass wir uns in ärztliche Behandlung begeben. Niedergeschlagenheit, Angstzustände oder andere mentale Probleme, die über einen langen Zeitraum andauern, weisen darauf hin, dass die Seele leidet. Deshalb sollten Sie die Beschwerden und Symptome ernst nehmen, sie als behandelbar betrachten und mit Ihrem Hausarzt oder Ihrer Ärztin darüber sprechen. Sie können Ihnen helfen, die richtige Therapie oder fachärztliche Betreuung zu finden.

Um Ihren emotionalen Zustand zu verbessern, werden wir Ihren Werkzeugkoffer mit nachweislich wirksamen, praktischen Tipps füllen, die Sie auf Ihrer Reise gut gebrauchen können, um psychischen Problemen vorzubeugen oder sie in den Griff zu bekommen. Wir beginnen mit der Erforschung der unbewussten negativen Gedanken und Überzeugungen, die Stress und Ängste verursachen können. Sie sind der Treibstoff, der Ihr körpereigenes Alarmsystem aktiviert, das wiederum den Schmerzen den Weg bahnt und schlussendlich Ihre Beziehung gefährdet.

Lange Rede, kurzer Sinn

- *Menschen, die in ihrer Kindheit traumatische Erfahrungen gemacht haben oder an einer Posttraumatischen Belastungsstörung (PTBS) leiden, sind anfälliger für chronische Schmerzerkrankungen.*
- *Das Nervensystem ist komplex: Chronische Schmerzen und Angst werden durch einen gemeinsamen Prozess gesteuert, der darauf ausgerichtet ist, (vermeintliche oder reale) Bedrohungen zu verhindern und das Überleben zu sichern.*

- *Wenn Sie aufgrund Ihrer Angstzustände hyperwachsam sind, kann es schwierig sein, den chronischen Schmerz in den Griff zu bekommen.*
- *Wenn Sie ein Trauma erlebt haben oder unter einer PTBS leiden, sollten Sie, sofern nötig, so bald wie möglich professionelle Hilfe in Anspruch nehmen.*
- *In diesem Buch finden Sie zahlreiche Tipps und Tools, die dazu beitragen, Ihre psychische Gesundheit zu verbessern und trotz der Schmerzen eine starke und erfüllte Beziehung zu genießen.*

9
Die Macht der negativen Gedanken

Eine der hilfreichsten Strategien, mit der Sie Niedergeschlagenheit und Ängste bekämpfen, besteht darin, negative Gedanken aufzuspüren, auf den Prüfstand zu stellen und sich von ihnen zu verabschieden. Das steht im Fokus der Kognitiven Verhaltenstherapie, einer weitverbreiteten psychotherapeutischen Behandlungsmethode, die von dem US-amerikanischen Psychiater Aaron Beck entwickelt wurde und sich mit den Auswirkungen von Gedanken, Gefühlen und Verhaltensweisen auf unseren emotionalen Zustand befasst.[42] Beck war der Erste, der auf die Idee kam, eine Liste der wenig hilfreichen, »dysfunktionalen Denkmuster« zusammenzustellen, die seiner Theorie zufolge zur Entstehung psychischer Störungen beitragen.

Dysfunktionale Denkmuster

Werfen Sie einen Blick auf die Liste der wenig hilfreichen, negativen Denkmuster, die auch Konzepte des Psychiaters und Verhaltensforschers David Burns aus seinem Buch *Feeling Good. Depressionen überwinden, Selbstachtung gewinnen*[43] enthält. Kommt Ihnen das eine oder andere Muster bekannt vor?

Alles-oder-nichts-Denken/ Schwarz-Weiß-Denken

Für Sie gibt es nur »Entweder-oder« statt »Sowohl-als-auch«. Sie sehen keine Zwischenstufen.

Beispiele im Zusammenhang mit chronischen Schmerzen

- »Ich kann nichts dagegen tun.«
- »Ich habe ständig extreme Schmerzen.«
- »Es ist allein meine Schuld, dass unsere Beziehung so schwierig ist.«

Katastrophisierung

Sie gehen immer vom Schlimmsten aus. Sie messen den potenziell schlechtesten Ergebnissen das größere Gewicht bei.

Beispiele im Zusammenhang mit chronischen Schmerzen

- »Mein Partner/meine Partnerin wird mich verlassen und auf meine Familie werde ich auch nicht mehr zählen können.«
- »Ich werde es nie schaffen, von den Schmerzmitteln wegzukommen.«
- »Ich werde zeitlebens ans Bett gefesselt sein.«

Mentale Filter

Sie nehmen nur Teilaspekte einer Situation oder bestimmte Informationen wahr, die Ihre Annahmen bestätigen (normalerweise die negativen Einzelheiten), während Sie das Gesamtbild (gewöhnlich die positiven Aspekte) ausblenden.

Beispiele im Zusammenhang mit chronischen Schmerzen

- »Ich habe immer nur Pech.«
- »Ich erlebe nie etwas Gutes.«
- »Jeder Tag ist ein schlechter Tag.«
- »An meiner Beziehung gibt es nichts, was positiv wäre.«

Sollen/Müssen

Unrealistische Erwartungen und unangemessene Anforderungen, mit denen Sie sich unter Druck setzen, was dazu führt, dass Sie sich selbst und andere ständig kritisieren und abwerten.

Beispiele im Zusammenhang mit chronischen Schmerzen

- »Ich muss mir mehr Mühe geben.«
- »Ich sollte in der Lage sein, den Hausputz zu erledigen.«
- »Mein Partner/meine Partnerin müsste eigentlich wissen, dass es mir heute nicht gut geht.«
- »Mein Partner/meine Partnerin sollte mich mehr unterstützen.«
- »Mein Gesundheitsteam sollten eigentlich imstande sein, die richtige Behandlungsmethode für mich zu finden.«

Voreilige Schlussfolgerungen (Gedanken lesen und Wahrsagerei)

Sie sind überzeugt, dass Sie wissen, was andere denken und fühlen.

Beispiele im Zusammenhang mit chronischen Schmerzen

- »Ich bin eine Last für meinen Partner/meine Partnerin.«

- »Meine Familie denkt, ich sei einfach nur faul.«
- »Meine Freundinnen und Freunde meinen, ich würde maßlos übertreiben, was meine Schmerzen betrifft.«
- »Alle halten mich für schwach.«
- »Ich lächle, damit alle glauben, es ginge mir nicht wirklich schlecht.«

Personalisierung

Sie beziehen äußere Ereignisse extrem auf sich und glauben, für Umstände verantwortlich zu sein, auf die Sie keinen Einfluss haben, oder weisen anderen die Schuld zu und leugnen die Rolle, die Sie in einer bestimmten Situation gespielt haben.

Beispiele im Zusammenhang mit chronischen Schmerzen

- »Es ist meine Schuld, dass ich krank bin.«
- »Meine Partnerschaft ist problematisch infolge meiner Krankheit.«
- »Ich fühle mich nutzlos, also bin ich nutzlos, zu nichts zu gebrauchen.«

Schubladendenken

Sie schreiben sich selbst und anderen bestimmte Eigenschaften zu, obwohl es viele Beispiele gibt, die nicht in diese Schublade passen.

Beispiele im Zusammenhang mit chronischen Schmerzen

- »Ich bin schwach, weil ich gestern mal wieder einen Ruhetag einlegen musste.«

- »Ich bin keine gute Partnerin/kein guter Partner, weil ich krank bin.«
- »Ich falle allen zur Last.«
- »Mein Partner/meine Partnerin unterstützt mich nicht.«

Übergeneralisierung

Sie ziehen Schlussfolgerungen, die zu weit greifen. Sie neigen zu unangebrachten Verallgemeinerungen, übertragen bestimmte Erfahrungen oder Regeln in konkreten Fällen auf alle Szenarien.

Beispiele im Zusammenhang mit chronischen Schmerzen

- »Dieser Doktor konnte mir nicht helfen – kein Arzt kann mir helfen.«
- »Das Medikament hatte schlimme Nebenwirkungen – bei allen Medikamenten ist Vorsicht geboten.«
- »Mein Partner/meine Partnerin hat sich heute überhaupt nicht um mich gekümmert – von echter Unterstützung kann sowieso keine Rede sein.«

Klingt das eine oder andere Beispiel vertraut?

Der Umgang mit negativen Gedanken

Eines ist klar: Die meisten von uns sind sich dieser wenig hilfreichen, sprich dysfunktionalen Gedanken gar nicht bewusst. Sie stellen sich automatisch ein, als Reaktion auf bestimmte Situationen, und gehen uns oft so schnell durch den Kopf, dass sie unserer Aufmerksamkeit entgehen. Es lohnt sich, sie einzufangen. Wenn Sie diesen negativen Denkmustern auf die Schliche kommen, können Sie nicht nur Ihre Gedanken, sondern auch Ihre Gefühle positiv verändern!

Der folgende, aus vier Schritten bestehende Prozess trägt dazu bei, negative Gedanken und Denkmuster aufzuspüren und in den Griff zu bekommen.

1. Schritt

Beginnen Sie damit, auf Ihre Gedanken zu achten, ohne sie zu bewerten. Machen Sie sich alle Gedanken bewusst, die Ihnen häufiger durch den Kopf gehen und Ihre Gefühle negativ beeinflussen. Halten Sie sie schriftlich fest und fügen Sie hinzu, wie oft sie auftreten. Falls das schwierig sein sollte, fragen Sie sich bei jedem unangenehmen Gefühl, das sich bemerkbar macht: »Welcher Gedanke beunruhigt mich gerade?«

2. Schritt

Überprüfen Sie, ob Ihre negativen Gedanken in eine der oben genannten Kategorien der wenig hilfreichen oder dysfunktionalen Denkmuster passen. Es sollte Sie nicht überraschen, wenn Sie einige entdecken, die sich gleich mehreren Kategorien zuordnen lassen – das ist bei vielen negativen Gedanken der Fall.

3. Schritt

Versuchen Sie, möglichst viele negative Gedanken loszulassen. Manchmal reicht es schon, ihnen auf die Spur zu kommen und zu erkennen, dass sie wenig hilfreich sind, um sich von ihnen zu verabschieden. Achten Sie besonders auf die Gedanken, die Ihnen immer wieder durch den Kopf gehen und Sie ins Grübeln bringen. Es ist an der Zeit, Front gegen sie zu machen.

4. Schritt

Es steht in *Ihrer* Macht, destruktive Gedanken einzufangen und bewusst zu entscheiden, sie durch eine konstruktive Denkweise zu ersetzen, die realistischer und hilfreicher ist. Das erfordert allerdings ein wenig Übung. Ich ermutige Sie, damit zu beginnen. Fordern Sie Ihre negativen Gedanken heraus. Ein guter Tipp: Stellen Sie sich folgende Fragen, wenn Sie einen negativen Gedanken erwischen und ihn genauer unter die Lupe nehmen wollen:

- Ist dieser Gedanke hilfreich?
- Beruht dieser Gedanke auf Tatsachen?
- Welche anderen Gedanken wären hilfreicher und realistischer bei der Einordnung der aktuellen Situation?

Sorgenzeit

Wenn ständige Sorgen ein Problem sind, mit dem Sie zu kämpfen haben, kann es hilfreich sein, eine persönliche Sorgenzeit festzulegen, zusätzlich zur Team-Sorgenzeit, auf die Sie sich schon mit Ihrem Lieblingsmenschen verständigt haben. Wählen Sie für jeden Tag die Uhrzeit (nicht kurz vor dem Schlafengehen) und den Zeitrahmen aus, in dem Sie Ihre Sorgen in Angriff nehmen. Notieren Sie stichpunktartig alle Sorgen, die Ihnen im Lauf des Tages durch den Kopf gehen, um sich zu vergewissern, dass Sie sich später darauf konzentrieren werden. Wenn es Ihnen schwerfällt, eine Sorge auf später zu verschieben, versuchen Sie es mit Ablenkungen, Achtsamkeitsübungen oder Tiefenatmung, um Ihre Aufmerksamkeit wieder auf die Gegenwart zu lenken.

Ablenkungen

Gedanken unter die Lupe zu nehmen, wenn Sie sich in Hochstimmung oder an einem emotionalen Tiefpunkt befinden, ist schwierig. Sie können vor allem in niedriger Stimmung das Licht am Ende des Tunnels nicht sehen und sich nur schwer von überwältigenden oder panischen Gefühlen lösen. Wenn negative Gefühle überhandnehmen, können Ablenkungen helfen. Versuchen Sie, Aktivitäten nachzugehen, von denen Sie wissen, dass sie eine beruhigende Wirkung auf Sie haben, zum Beispiel Musik hören, einen Film anschauen oder sich mit Fitnessübungen auf andere Gedanken bringen. Sie können sich auch mit Aktivitäten befassen, die sorgfältige Überlegung oder Kreativität erfordern. Oder Sie lenken sich mit nützlichen Arbeiten ab, wie Putzen, Kochen oder Reparaturen, die Sie selbst erledigen können.

Lange Rede, kurzer Sinn

- *Negative Gedanken können Angstzustände und andere negative Gefühle auslösen.*
- *Werfen Sie noch einmal einen Blick auf die Liste mit den wenig hilfreichen, dysfunktionalen Denkmustern und versuchen Sie, Ihre eigenen »Denkfallen« aufzuspüren.*
- *Beginnen Sie damit, negative Gedanken durch realistischere oder positive Gedanken zu ersetzen.*
- *Planen Sie Ihre persönliche Sorgenzeit ein.*
- *Wenn negative Gefühle überhandnehmen, können Sie sich mit Aktivitäten ablenken, die Sie beruhigen oder die Ihre ungeteilte Aufmerksamkeit fordern.*
- *Übung macht den Meister, bleiben Sie also dran!*

10 Kernüberzeugungen aufdecken

Wenn die Überwindung negativer Denkmuster so einfach wäre wie die Aufgabe, wenig hilfreiche Gedanken aufzuspüren und unter die Lupe zu nehmen, würde ich kein erfolgreiches Unternehmen leiten, das auf die psychische Gesundheit spezialisiert ist.

Einige negative Gedanken sind mächtig und lassen sich nur schwer abschütteln – vor allem diejenigen, die von negativen Kernüberzeugungen oder Glaubenssätzen getrieben werden. Kernüberzeugungen sind persönliche, fest verankerte Annahmen, die sich auf Sie selbst, andere Menschen, die Welt oder die Zukunft beziehen. Diese Überzeugungen wirken wie ein Filter: Sie beeinflussen unsere Sicht auf jede Situation, unsere Gefühle anderen Menschen gegenüber und oft auch das Ausmaß der Zufriedenheit mit uns selbst! Sie sind ziemlich resistent, wenn es um Veränderungen geht, weil sie meistens während der Kindheit oder durch wichtige Lebensereignisse geprägt wurden.

Werfen Sie einmal einen Blick auf die Liste der weitverbreiteten negativen Glaubenssätze, und achten Sie auf alle, die eine Reaktion bei Ihnen auslösen:

Die Überzeugung, minderwertig zu sein (»Etwas stimmt nicht mit mir.«)

- »Ich bin nicht gut genug.«
- »Ich bin ein schlechter Mensch.«
- »Ich habe eine Menge verheerender Charaktereigenschaften.«
- »Ich mache alles falsch.«
- »Ich werde nie Erfolg haben.«
- »Alle anderen sind besser als ich.«

Die Überzeugung, verlassen zu werden (»Niemand hält es lange mit mir aus.«)

- »Alle verlassen mich.«
- »Es ist nicht gut, jemanden zu lieben.«
- »Alle lehnen mich ab.«
- »Ich muss mir Liebe verdienen.«
- »Ich bin unwichtig.«
- »Ich werde immer allein sein.«

Die Überzeugung, nicht liebenswert zu sein (»Ich verdiene es nicht, geliebt zu werden.«)

- »Ich bin unerwünscht.«
- »Niemand mag mich.«
- »Ich zähle nicht.«
- »Alle hassen mich.«

Die Überzeugung, besondere Ansprüche stellen zu dürfen (»Ich bin etwas Besonderes und verdiene Lob.«)

- »Ich verdiene Aufmerksamkeit und Lob.«

- »Ich mache keine Fehler.«
- »Es ist mein gutes Recht, zu verlangen, dass andere meine Bedürfnisse erfüllen.«
- »Wenn ich keine Spitzenleistungen vorweisen kann, bin ich nichts wert.«

Die Überzeugung, hilflos zu sein (»Ich habe keine Kontrolle.«)

- »Ich bin schwach.«
- »Ich bin machtlos.«
- »Ich bin verletzlich.«
- »Ich bin bedürftig.«
- »Die Welt ist voller Gefahren.«
- »Die Leute haben es darauf abgesehen, mir zu schaden.«

Kommen Ihnen einige der Glaubenssätze auf dieser Liste bekannt vor? Es kann schwierig sein, eine negative Kernüberzeugung punktgenau zu erfassen, vor allem, wenn mehr als eine hinter den Kulissen wirksam ist. Wenn Sie sich also nicht sicher sind, ist das völlig in Ordnung. Mit der folgenden Methode fällt es Ihnen vielleicht leichter, negative Kernüberzeugungen aufzuspüren, die Ihre Gedanken und Erfahrungen beeinflussen.

Negative Kernüberzeugungen aufdecken

Beginnen Sie damit, sich alle negativen Gedanken ins Gedächtnis zurückzurufen, die Ihnen beim Lesen der vorherigen Kapitel durch den Kopf gegangen sind. Sind irgendwelche Muster in der Art und Weise zu erkennen, wie Sie über sich selbst, andere Menschen, die Welt oder Ihre Zukunft denken?

Wenn Sie negative Gedanken aufgespürt haben, richten Sie Ihre Aufmerksamkeit darauf. Halten Sie jeden einzelnen schriftlich fest und notieren Sie daneben die Antwort auf diese beiden Fragen:

- Warum ist das schlimm?
- Warum ist das so wichtig?

Wiederholen Sie diesen Prozess mit jedem einzelnen Gedanken.

Hier ein Beispiel. Renee, die mit chronischen Nervenschmerzen zu kämpfen hat, entdeckte einige negative Gedanken, die eindeutig ein ähnliches Muster aufwiesen und sich nur schwer aushebeln ließen, obwohl es Belege für das Gegenteil gab. Mit einem negativen Gedanken beginnend, der oft in Zusammenhang mit ihrem Mann auftauchte, identifizierte sie ihre Kernüberzeugung mithilfe des folgenden Prozesses.

»Mein Mann hört mir nie zu.«
Warum ist das so schlimm? »Weil ich möchte, dass man mir zuhört.«
Warum ist das so wichtig? »Weil ich möchte, dass sich jemand für meine Belange interessiert.«
Warum ist das so wichtig? »Weil ich das Gefühl habe, dass sich niemand um mich kümmert, wenn ich Schmerzen habe.«
Warum ist das so schlimm? »Weil ich mich unerwünscht, nicht liebenswert fühle.«

Renees negative Denkweise wurde von der negativen Kernüberzeugung gespeist, sie sei »nicht liebenswert«. Diese Entdeckung war aus zwei Gründen wichtig für sie. Erstens war sie nun in der Lage, die treibende Kraft hinter ihrem negativen Denkmuster zu verstehen und die primäre Ursache in Angriff zu nehmen (wie das geht, werden wir später erkunden). Zweitens entdeckte sie eine Informationsquelle, die ihre Einstellung prägte und möglicherweise zur Überreaktion ihres körpereigenen Alarmsystems beitrug.

Alles klar? Vielleicht haben Sie das Gefühl, dass der Gedanke, zurückgewiesen, allein gelassen oder verlassen zu werden, längst nicht so bedrohlich ist wie die unverhoffte Begegnung mit einem Bären im Wald. Doch unser urzeitliches Gehirn gelangt zu einem anderen Ergebnis. Es unterscheidet nicht zwischen realen physischen Bedrohungen, die ihm von den fünf Sinnesorganen (Gesichtssinn, Gehörsinn, Tastsinn, Geruchssinn und Geschmackssinn) übermittelt werden, und den vermeintlichen Bedrohungen (unseren Gedanken, Geschichten, Erinnerungen, Mutmaßungen, Vorstellungsbildern, Bewertungen), die nur in unserer Fantasie existieren. Das Gehirn beschäftigt sich ausschließlich mit der Frage: »Stellt das eine Bedrohung dar?« Sie haben es vermutlich erraten: Das Gehirn gelangt zu der Schlussfolgerung, dass der Verlust von Liebe und Akzeptanz das Überleben gefährden könnte.

Traurig, aber wahr: Die Mehrheit der negativen Kernüberzeugungen entspricht einfach nicht den Tatsachen. Und dazu kommt, dass die »Stammeszugehörigkeit« oder die emotionale Verbundenheit zwischen zwei Liebenden für das Überleben heute nicht mehr von so gravierender Bedeutung sind wie in der Steinzeit oder im Babyalter, als wir noch nicht in der Lage waren, für uns selbst zu sorgen.

In seinem Buch *No Limits. Blow the Cap off your capacity* erläutert John C. Maxwell scharfsinnig und auf anschauliche Weise, warum es wichtig ist, irrelevanten Überzeugungen auf die Spur zu kommen, und warum es so schwierig sein kann, sie zu überwinden. Er schildert, wie das Training von Zirkuselefanten verläuft, und erklärt, wie vier Tonnen schwere asiatische Elefanten mithilfe eines einzigen Stricks, von dem sie sich leicht befreien könnten, lernen, an ihrem Platz in der Manege zu bleiben. Er schreibt: »Die Jungtiere wurden zunächst an Bäume oder tief eingegrabene Pflöcke gekettet. Wenn der Elefant gelernt hatte, dass er die Kette nicht sprengen und die Flucht nicht ergreifen konnte, gab er nach und nach jeden Versuch auf. Er war zu der Überzeugung gelangt, dass alles, was seinen Bewegungsspielraum einengte – selbst ein Strick, den er mühelos zerrissen hätte – stärker war als er.«[44] Wenn Sie also feststellen, dass sich Angstgefühle einschleichen oder Sie mit negativen Gedanken zu kämpfen haben, ermutige ich Sie, sich die Zeit zu nehmen, die Akteure im Hintergrund, Ihre Überzeugungen, auf den Prüfstand zu stellen und herauszufinden, ob sie heute noch gültig und relevant für Ihr Leben sind.

Kernüberzeugungen überprüfen

Der folgende Prozess, der aus vier einfachen, aber wirkmächtigen Schritten besteht, trägt dazu bei, die von Ihnen ermittelten Grund- oder Kernüberzeugungen, die Ihren »Bewegungsradius« einschränken oder Ihre Gedanken und Verhaltensweisen negativ beeinflussen, unter die Lupe zu nehmen.

1. Hinterfragen

Wenn Sie eine negative Kernüberzeugung entdeckt haben, fragen Sie sich: Gibt es Belege dafür, dass sie immer zu 100 Prozent auf Tatsachen beruht? Notieren Sie alles, was gegen diese Überzeugung spricht (zum Beispiel Situationen, in denen Sie *durchaus gut genug* oder *kein schlechter Mensch* waren, Sie *nicht im Stich gelassen* oder *zurückgewiesen* wurden). Sie wissen nun, dass es auch eine andere Perspektive gibt. Welche?

2. Realistisch werden

Da Sie nun mit einer alternativen Sichtweise ausgerüstet sind, können Sie diese als Grundlage für die Formulierung einer neuen Überzeugung verwenden, die realistischer ist. Halten Sie diese schriftlich fest. Dann stellen Sie sich bildlich und in allen Einzelheiten vor, wie sich Ihr Leben verändern würde, wenn Sie Ihre alte negative Kernüberzeugung durch die überarbeitete, auf Fakten beruhende Version ersetzen.

3. Die Kontrolle behalten

Halten Sie sich so oft wie möglich Ihre neue, ausgewogenere Sichtweise vor Augen. Das könnte man mit einem Waffentraining vergleichen, das unerlässlich ist, um sich auf einen Kampf vorzubereiten. Wenn Ihr altes negatives Überzeugungsmuster getriggert, sprich ausgelöst wird, greifen Sie auf die Gegenargumente zurück, mit denen Sie sich gewappnet haben, um Ihrer neuen ausgewogeneren Sichtweise zum Sieg zu verhelfen.

4. Bestätigen, dass alles okay ist

Achten Sie darauf, Ihr körpereigenes Alarmsystem anfangs immer wieder zu beruhigen und daran zu erinnern, dass alles okay ist und Sie in Sicherheit sind.

Hier einige Beispiele, wie Sie negative Kernüberzeugungen in eine ausgewogenere Sichtweise umwandeln können:

- »Ich bin ganz allein.« – »Damit komme ich klar. Ich kann selbst für die Erfüllung meiner Bedürfnisse sorgen.«
- »Ich bin nicht gut genug.« – »Ich habe bewiesen, dass ich gut genug bin.«

- »Ich bin alles andere als perfekt.« – »Ich akzeptiere mich so, wie ich bin.«
- »Ich bin hilflos.« – »Ich bin imstande, das zu verändern, was ich verändern kann.«
- »Ich bin nicht liebenswert.« – »So, wie ich bin, bin ich völlig okay.«
- »Ich bin eine Niete.« – »Niemand ist vollkommen und ich tue mein Bestes.«
- »Ich bin in Gefahr.« – »Ich werde es überleben.«

Mithilfe dieser Schritte beginnen Sie, Ihre Selbstprogrammierung zu verändern. Sie führen in eine Richtung, die zweckdienlicher für Sie ist. Sie verdienen es, wenigstens frei von emotionalem Leidensdruck zu sein, wenn Sie mit Schmerzen zu kämpfen haben. Denken Sie daran, dass es hier nicht nur um Ihr eigenes emotionales Wohlbefinden geht: Sie arbeiten gleichzeitig auch daran, Ihre Beziehung auf einen neuen Kurs zu bringen.

Die Zufriedenheit in einer Beziehung wird nicht nur von der Intensität Ihrer Schmerzen bestimmt, sondern auch von der mentalen Befindlichkeit Ihres Partners oder Ihrer Partnerin. Ich weiß, ich erinnere Sie ständig daran. Weil es wichtig ist. Es ist wichtig, nicht nur unsere Schmerzen für die Beziehungsflaute verantwortlich zu machen.

Es gibt viele Bereiche im Leben, die frischen Wind in die Beziehung bringen können, und das emotionale Wohlbefinden ist einer davon.

Lange Rede, kurzer Sinn

- *Negative Gedanken können in negativen Grund- oder Kernüberzeugungen verankert sein.*

- *Kernüberzeugungen sind stark und beinahe resistent gegenüber Veränderungen.*
- *Um negative Kernüberzeugungen zu verändern, zum Beispiel »Ich bin nicht gut genug«, müssen Sie sich diese zuerst bewusst machen.*
- *Stellen Sie Fragen, um Erkenntnisse über die Auswirkungen und die Bedeutung Ihrer negativen Gedanken zu gewinnen.*
- *Folgen Sie den Schritten aus der Übung »Kernüberzeugungen überprüfen.«*
- *Die Fähigkeit, sich von negativen Kernüberzeugungen zu befreien, kann eine spürbar positive Wirkung auf die Qualität Ihrer Beziehung haben.*

TEIL 3

MENTALE MEDIZIN

11
Selbstempathie

Schon als ganz junges Mädchen war ich eine begeisterte Langstreckenläuferin. Ich bin mir nicht sicher, ob ich gut darin war, weil es mir Spaß machte, oder ob es mir Spaß machte, weil ich gut darin war. Doch wie auch immer, eines war gewiss: Mein Vater stand bei den Schulwettkämpfen gemeinsam mit anderen Eltern am Rand der Laufstrecke und feuerte mich so lautstark an, dass es mir peinlich war und ich alles daransetzte, das Rennen schnell wie möglich hinter mich zu bringen.

Am liebsten war mir bei Langstreckenläufen der Moment, in dem mich mein Körper anflehte, aufzuhören (das war, bevor mir dringend nahelegt wurde, mich aufgrund meiner Erkrankung überhaupt nicht mehr auf diese Weise zu verausgaben). Damals sah ich darin eine Chance, sowohl körperlich als auch mental Durchhaltevermögen aufzubauen. Bei einem Halbmarathon trat dieser Moment ungefähr bei Kilometer 18 ein. Ich hörte geradezu, wie meine innere Stimme sagte: »Okay, du bist jetzt weit genug gelaufen, Schluss damit!«

Wenn Laufen nicht zu Ihren Lieblingssportarten gehörte, denken Sie vielleicht, dass man diesen toten Punkt am besten überwindet, wenn man sich am Riemen reißt: »Mach weiter, ohne Fleiß kein Preis! Wenn du jetzt aufhörst, verlierst du!« Oder: »Los, beweg dich, du wirst doch wohl nicht schlappmachen!« Ja, es gibt einige, die sich auf diese Weise anspornen. Für viele ist das jedoch nicht die beste Möglichkeit, die Motivation zu fördern. Solche negativen inneren Monologe können während eines Langstreckenlaufs zentnerschwer wiegen, Versagensangst auslösen und die persönliche Leistung beeinträchtigen. Meine erste Reaktion, wenn dieser starke Drang zum Aufhören auftauchte, bestand darin, mir gut zuzureden, die physische Erschöpfung zu akzeptieren und mir vor Augen zu halten, was für ein befriedigendes Gefühl es sein würde, die Ziellinie zu überqueren. Mein ganzer Körper schmerzte bereits, und schonungslose, mich weiter antreibende Selbstgespräche, auch wenn *sie als Motivationsschub* gedacht waren, stellten keine wirkliche Hilfe dar. Ein freundlicher Umgangston mit mir selbst sorgte dafür, dass ich gefühlt leichter lief, und den Impuls verspürte, durchzuhalten.

Die Reise mit chronischen Schmerzen lässt sich mit einem Langstreckenlauf vergleichen. Sie ist schmerzvoll und erschöpfend, aber Sie wissen, dass Sie durchhalten müssen. Es ist wichtig, zu erkennen, wie wir uns selbst ermutigen, nicht aufzugeben, vor allem dann, wenn niemand da ist, der uns unterstützt und anfeuert.

Ich werde oft gefragt, wie ich mich überhaupt noch über etwas freuen kann, wenn die Schmerzen ein ständiger Begleiter sind. Wie kann man Freude in einer Beziehung empfinden, wenn man durch die Schmerzen Tag für Tag mit einer emotionalen Achterbahnfahrt konfrontiert wird? Ein großer Schritt zur Verbesserung des emotionalen Wohlbefindens und zur Wiederbelebung der Freude in einer Paarbeziehung besteht darin, den Umgang mit einem wirkmächtigen Werkzeug zu lernen: Selbstempathie. In diesem Kapitel werden Sie erfahren, was darunter zu verstehen ist, warum Sie Ihren Alltag damit bereichern und auf welche Veränderungen Sie sich in Ihrem Leben und in Ihrer Beziehung freuen können.

Selbstempathie ist ein Schlüsselinstrument, auf das Sie jederzeit Zugriff haben. Es ist imstande, Kummer zu lindern und die Bürde der Schmerzen zu erleichtern. Selbstempathie ist nicht mit Selbstmitleid zu verwechseln. Selbstmitleid heißt, sich selbst zu bedauern. Selbstempathie bedeutet, einfühlsam mit sich selbst umzugehen. Kristin Neff schreibt in ihrem Buch *Kraftvolles Selbstmitgefühl für Frauen. Klar für sich selbst einstehen, engagiert handeln und Erfüllung finden,* dass Selbstmitgefühl drei Schlüsselkomponenten enthält.

Zuerst Freundlichkeit gegenüber sich selbst: ein liebevoller und nachsichtiger Umgang mit uns selbst, wenn wir uns Schmerzen oder persönlichen Schwächen gegenübersehen, statt unseren Kampf zu ignorieren oder uns durch harsche Selbstkritik zu schaden. Wir sollten schlussendlich Freundschaft mit uns selbst schließen, dem wichtigsten Menschen in unserem Leben.

Mitgefühl gegenüber allen Menschen: Leiden und die Unvollkommenheit anderer zu erkennen, ist Teil der gemeinsamen menschlichen Erfahrung.

Achtsamkeit: das aktuelle Geschehen akzeptieren, ohne es zu bewerten. Negative Gedanken und Gefühle werden offen und objektiv wahrgenommen. Solche Gedanken werden weder unterdrückt noch überspitzt.[45]

Selbstempathie ist inzwischen auch ein Interessensgebiet, das in den Veröffentlichungen zum Thema Psychologie und chronische Schmerzen Fuß gefasst hat. Studien belegen, dass Selbstempathie – das Hineinspüren in die eigene Situation und die Wahrnehmung der eigenen Gedanken und Gefühle, ohne sie zu bewerten – dazu beiträgt, die Intensität der Schmerzen zu verringern, die Auswirkungen zu mildern, die Schmerzakzeptanz zu fördern und sowohl die psychische Belastung als auch Depressionen,

Ängste und Stress zu reduzieren.[46] Wow, ich hätte gern drei Flaschen von diesem Zaubertrank!

Wenn wir die Fähigkeit zur Selbstempathie beherrschen und im akuten Schmerzzustand anwenden, können wir uns aus den Fallstricken der abwertenden Selbstkritik und unliebsamen Scham- und Schuldgefühle befreien und die Auswirkungen der Schmerzen auf die psychische Gesundheit verringern. Ich gebe ehrlich zu, dass das Selbstmitgefühl während meiner Langstreckenläufe stark war, sich aber nach Beginn meiner Erkrankung nicht auf den Rest meines Lebens übertragen ließ. Es ist nicht immer leicht, freundlich mit sich selbst umzugehen, und im Gegensatz zu Ihnen fehlte mir eine Blaupause mit klaren Schritten, an die ich mich halten konnte, um die Selbstempathie zu fördern. Es brauchte intensive Recherchen, Psychotherapie, Fachlektüre und viele Verhaltensexperimente, bevor ich in der Lage war, sie als festen Bestandteil in meinen Alltag einzufügen und wahrzunehmen, was sie zu bewirken vermochte. Das war ein wichtiger Wendepunkt in meinem Leben, der meine Reise mit den anhaltenden Schmerzen und meine Beziehung von Grund auf verwandelte. Ich freue mich, dass ich die Schritte mit Ihnen teilen kann, die umgehend ihre Wirkung entfalten und nachhaltige Veränderungen einleiten! Ich weiß aus eigener Erfahrung, dass Selbstempathie der Schlüssel ist, der auf die individuellen Bedürfnisse abgestimmt ist und auch Ihnen die Fürsorge und den Trost ermöglicht, die Sie zur Linderung Ihres emotionalen Kummers und Ihrer physischen Schmerzen brauchen. So können Sie wieder tief Luft holen und Ihrer Beziehung mehr Leben einhauchen. Sind Sie bereit?

Akzeptieren Sie Ihren emotionalen Zustand

Vor ein paar Jahren, als ich gerade in unserem Einkaufszentrum vor Ort Lebensmittel eingekauft hatte und sie in meinem Auto verstaute, wurde ich mit einem Mal von Angst überwältigt. Ich war einer Panik nahe. Diese intensiven Angstepisoden traten danach mehrmals auf, immer in derselben Parkgarage, bevor ich entdeckte, was diese Reaktion auslöste.

Damals hatte mir mein Gesundheitsteam eine strikte Diät verordnet, um die Entzündung in meinem Körper in den Griff zu bekommen. Sie einzuhalten fiel mir schwer, aber ich nahm die schrittweisen Verbesserungen wahr. Als ich der Ursache meiner Parkgaragen-Phobie auf die Spur zu kommen versuchte, entdeckte ich aber erst die Art, wie ich mich motivierte, die Ernährungsumstellung durchzuhalten. Jedes Mal, wenn ich etwas zu essen sah, was ich nicht essen sollte, hielt ich mich mit einem negativen inneren Monolog vom Kauf ab.

Meine Augen glitten über die Backwaren in der Auslage, und ich hörte, wie sich meine innere Stimme einzumischen begann: »Du hast keinen Funken Selbstdisziplin! Jetzt reiß dich mal zusammen! Oder willst du nicht, dass es dir besser geht?« Ich durchquerte die Fleischabteilung und erinnerte mich einen Moment lang wehmütig an das Abendessen an Sonntagen, wo oft Pulled Pork, superzartes Schweinefleisch aus dem Ofen, auf unserem Speiseplan stand, und ich dachte: »Du hast keinen Funken Selbstdisziplin, es wäre dumm, dich über die ärztlichen Empfehlungen hinwegzusetzen!« Im Gang mit den Zerealien wurde die Stimme lauter, als sich mein Blick auf die Cornflakes heftete: »Sag ich doch, null Selbstdisziplin! Du willst nicht wirklich, dass es dir besser geht.« Ich blieb stehen, fassungslos! Ich konnte nicht glauben, wie ich mit mir selbst umging. Ich wäre nie auf die Idee gekommen, mit anderen so zu reden. Als ich die Aufmerksamkeit auf meinen emotionalen Zustand richtete, wurde mir bewusst, dass ich seit Betreten des Supermarktes ein Gefühl der Beklemmung empfunden hatte, genau wie beim Beladen des Autos nach meinem wöchentlichen Einkauf.

Damit ich nicht den Eindruck erweckte, völlig von der Rolle zu sein, blieb ich vor den Zerealien stehen und tat so, als könnte ich mich nicht zwischen Weet-Bix und Cornflakes entscheiden. Fakt ist, dass ich einfach nur dastand und meiner inneren Kritikerin einen Vortrag hielt. Ich ließ sie wissen, dass es nicht okay war, was sie mir einreden wollte. Ich dankte ihr dafür, dass sie mich vor dem Kauf der Lebensmittel auf meiner No-Go-Liste bewahrt hatte, aber ich bestand auf einer anderen Herangehensweise an das Problem der Selbstdisziplin. Ich musste auch so schon genug durchmachen, wollte den unfreundlichen inneren Monologen ein Ende zu setzen, auch wenn sie mich bisweilen von törichten Entscheidungen abhielten, und einen neuen Umgangston mit mir selbst anschlagen. Einen milderen Umgangston.

Der erste Härtetest erwartete mich im nächsten Gang, bei den abgepackten Pfannkuchen. Meine innere Kritikerin hatte die Botschaft offenbar nicht erhalten und meldete sich wieder ungebeten zu Wort: »Du hast keinen Funken …« Doch zum ersten Mal unterbrach ich den Gedanken und ersetzte ihn durch eine freundlichere Reaktion, die nicht bewertete, sondern meinen emotionalen Zustand akzeptierte. »Karra, du hast recht, die Pfannkuchen sehen wirklich verführerisch aus. Ich weiß, dass du Pfannkuchen vermisst. Du machst das prima, hältst dich an die Diät und fühlst dich deshalb schon viel besser. Halte durch!«

Ein warmes Gefühl durchflutete meinen Körper, als hätte mich jemand fest umarmt. Die Beklemmung wich und ich konnte wieder tief durchatmen. Während ich durch die letzten Gänge schlenderte, hatte ich hinreichend Gelegenheit, meine innere Kritikerin zu unterbrechen und abwertende Gedanken durch mitfühlende

Ermutigungen zu ersetzen. Ich hatte Verständnis für meine Situation, ging nachsichtig mit mir um, akzeptierte meinen emotionalen Zustand, der den Schmerzen und der strikten Diät geschuldet war, und hielt mich vor jeder Bewertung zurück, wenn ich verlockende Nahrungsmittel sah. Ehrlich gesagt, es war total anstrengend. Negative Gedanken zu hinterfragen ist für die meisten Menschen kein natürliches Unterfangen. Doch als ich an jenem Tag die Einkäufe in meinem Auto verstaute, setzten weder Beklemmung noch eine Panikattacke ein. Was mich überwältigte, war vielmehr das Gefühl, rundum verstanden und unterstützt zu werden. Und das Beste war, dass diese Unterstützung in Eigenregie entstanden war!

Kennen Sie dieses Gefühl? Macht es sich bei Ihnen dauerhaft bemerkbar? Das Gefühl, verstanden und unterstützt zu werden? Ich teile diese Geschichte, weil das bei den meisten Menschen, die unter chronischen Schmerzen leiden, nicht der Fall ist – doch das lässt sich ändern, wenn Sie regelmäßig Selbstempathie üben.

Ich möchte, dass Sie eines wissen: Auch Sie können sich auf Ihrer schmerzvollen Reise mit Selbstempathie begegnen, genau wie ich. Ich übe es täglich ganz bewusst, und das können Sie auch. Auf diese Weise bringen Sie auch mehr Freude in Ihre Partnerschaft.

Was Sie erleiden müssen, ist qualvoll. Chronische Schmerzen sind lebensverändernd und absolut unfair. Wichtig ist, sich klarzumachen, dass Sie nicht auf Empathie und Trost von Ihrem Partner oder Ihrer Partnerin warten müssen. Vielleicht gehören sie nicht zu den Menschen, die mitfühlend sind, oder können sich nicht in Ihre Situation hineinversetzen. Wie auch immer, Sie sollten die Unterstützung und liebevolle Zuwendung erhalten, die Sie verdienen, und wissen, dass Sie dabei nicht auf andere angewiesen sind.

Selbstempathie-Übungen

Um Selbstempathie in Ihrem Leben zu verankern, müssen Sie sich zuerst die Zeit nehmen, Ihre Schmerzerfahrungen zur Kenntnis zu nehmen und zu akzeptieren. Es ist wichtig, sich an alles zu erinnern, was Sie bisher aufgrund der Schmerzen durchgemacht haben und welchen Herausforderungen Sie sich aktuell gegenübersehen. Es geht nicht um Selbstmitleid, sondern um Achtsamkeit. Wenn Sie Ihre Schmerzerfahrungen besser verstehen, erkennen Sie eher, ob Sie vielleicht unbewusst zur Gesamtheit der Symptome beitragen. Sollte das der Fall sein, können Ihnen die folgenden Übungen dabei helfen, nicht nur andere, sondern auch sich selbst freundlicher und mit mehr Mitgefühl zu behandeln.

Anmerkung: Legen Sie für die erste Übung Taschentücher in Griffweite.

Übung 1

Halten Sie die Geschichte Ihrer Gesundheitsreise schriftlich fest, und vergewissern Sie sich, dass sie folgende Informationen enthält:

- Ihre Symptome vom Beginn der Erkrankung bis heute;
- Behandlungen, die Sie ausprobiert haben;
- persönliche Auswirkungen der Schmerzen (auf Ihre berufliche Laufbahn, Ihre finanzielle Situation, Ihre Beziehung, auf Chancen im Leben, Ihre Hobbys und so weiter);
- psychische Probleme, unter denen Sie leiden (Niedergeschlagenheit, Angstzustände, Stress, Überforderung)

Übung 2

1. Beginnen Sie, die Momente bewusst wahrzunehmen, in denen Sie unter intensiver Angst, Niedergeschlagenheit oder hochgradigem Stress leiden. In solchen Zeiten hilft es, Ihren Gefühlen nachzuspüren und sie mit Ihrer derzeitigen Situation in Verbindung zu bringen, die Sie vielleicht belastet. Gibt es einen konkreten Grund für diese Gefühle? Richten Sie die Aufmerksamkeit auf Ihre inneren Monologe, um festzustellen, ob Sie mit negativen Werturteilen oder harscher Kritik zu Ihrem derzeitigen Zustand beitragen. Was reden Sie sich ein?
2. Versuchen Sie, Ihre Gedanken umzulenken und die Situation aus einer neutralen statt negativen Perspektive zu ergründen.
3. Halten Sie sich vor Augen, dass Sie nicht der einzige Mensch auf der Welt sind, der zu kämpfen hat; das Leiden ist ein Teil des Lebens.
4. Notieren oder verankern Sie einige unterstützende und freundliche Worte in Ihrem Gedächtnis, die Sie in schwierigen Momenten gern von Ihrem liebsten oder anderen nahestehenden Menschen hören würden.
5. Beschließen Sie, liebevoll mit sich selbst umzugehen. Sorgen Sie dafür, dass die Schmerzerkrankung die einzige leidvolle Erfahrung ist, die Sie ertragen müssen. Beginnen Sie damit, sich auf positive Weise zu ermutigen, bekunden Sie Mitgefühl mit sich selbst, bestätigen und unterstützen Sie sich mit Zuspruch, zum Beispiel mit den freundlichen Worten, die Sie im vierten Schritt aufgeschrieben haben.

Wenn Sie damit beginnen, Ihre Aufmerksamkeit auf Ihre negative innere Stimme zu richten, hilft es Ihnen vielleicht, das Folgende zu wissen: Viele Menschen mit chronischen Schmerzen haben nach eigener Aussage Angst vor einer Zurückweisung, weil man ihnen nicht glaubt, dass es ihnen schlecht geht, weil man sie für nutzlos und unproduktiv hält oder als Last empfindet.[47]

Wir kennen uns nicht persönlich, doch da auch Sie unter chronischen Schmerzen leiden, möchte ich Ihnen versichern, dass ich aus eigener Erfahrung weiß, wie schwierig das Leben sein kann. Sie sind stark, kampferprobt und ich ziehe meinen Hut vor Ihnen, weil Sie trotz der Schmerzen beschlossen haben, dieses Buch durchzuarbeiten und Kraft in die Verbesserung Ihrer Beziehung zu investieren. Sie verdienen Freundlichkeit und liebevolle Zuwendung. Nicht erst dann, wenn jemand entscheidet, sie Ihnen zukommen zu lassen, sondern jetzt. Und immer dann, wenn Sie das Bedürfnis danach haben. Ich hoffe, dass Sie heute damit anfangen, Selbstempathie zu entwickeln, damit Sie Mitgefühl und Trost bei der Person finden, die Sie stets auf Ihrer Reise begleitet und für Sie da ist: bei sich selbst.

Lange Rede, kurzer Sinn

- *Machen Sie sich Ihre negativen inneren Monologe und die Gefühle bewusst, die sie auslösen.*
- *Akzeptieren Sie Ihre Schmerzerfahrungen. Schreiben Sie Ihre persönliche Geschichte auf.*
- *Achten Sie darauf, mit negativen Selbstbewertungen nicht zusätzlich zu Ihrem Kummer und Leid beizutragen.*
- *Treffen Sie die Entscheidung, freundlich mit sich selbst umzugehen und sich die Unterstützung zuteilwerden zu lassen, die Sie verdienen.*
- *Sorgen Sie mit Zuspruch und Ermutigung für Unterstützung. Ersetzen Sie die abwertenden und unfreundlichen inneren Monologe, und nehmen Sie wahr, wie sich Ihre Gefühle verändern!*

12
Eine andere Perspektive

Als Johann und ich das letzte Mal nach Bali flogen, schleppten wir uns mit letzter Kraft an Bord. Wir waren völlig erschöpft, hatten unseren vorherigen Urlaub wegen meines unerwarteten Klinikaufenthalts stornieren müssen und danach einige anstrengende Monate mit der Expansion unserer Unternehmen hinter uns gebracht. Während des Flugs unterhielten wir uns darüber, wie groß unser Bedürfnis nach Abenteuern, fantastischem Essen und Faulenzen am Pool war und wie dankbar wir sein konnten, Weihnachten nicht zu Hause verbringen zu müssen!

Als wir in unserer Unterkunft auf Bali ankamen, machte sich Johann auf den Weg, um uns etwas zum Abendessen zu besorgen. Als er die Meeresfrüchte auf der Terrasse unseres Ferienhauses mit Blick auf den Pool auspackte, erwischte ich die einzige Garnele, die sich in der Box befand. Kurz nach dem Essen setzten Übelkeit und Bauchkrämpfe ein. Konnte es sein, dass mich nach jahrelangen Urlauben auf der Insel am Ende doch noch der gefürchtete »Bali Belly« erwischt hatte? In den ersten Stunden deutete alles darauf hin, doch dann wurde ich zunehmend schwächer und mein Sehvermögen trübte sich. In den Geschichten, die wir über diese gefürchtete Reisekrankheit gehört hatten, war die Rede davon gewesen, dass man eine Menge Zeit auf der Toilette verbrachte, aber dass man vor lauter

Schmerzen keinen Schritt mehr gehen kann, hatte niemand erwähnt.

Johann begann, meine Taschen zu packen, für den Fall, dass wir den einzigen Arzt vor Ort aufsuchen mussten. Plötzlich erlitt ich einen Kreislaufkollaps und fiel in eine kurze Ohnmacht. Johann hob mich hoch, rannte zu unserem Mietwagen und schrie der Hausdame die kurze Anweisung auf Englisch zu, uns so schnell wie möglich in die Klinik am anderen Ende der Insel zu fahren.

Im Auto brannten meine Gelenke wie Feuer und ich verlor immer wieder das Bewusstsein. Bei unserer Ankunft in der Klinik wurde ich sofort in die Notaufnahme gebracht. Johann half bei den Angaben, die meine Stammdaten und andere Informationen zum Krankheitsbild betrafen (keine leichte Aufgabe, wenn man mit jemandem verheiratet ist, der unter einer chronischen Schmerzerkrankung leidet), während das Pflegepersonal damit begann, etliche periphere Venenkatheter vorzubereiten.

In der ersten Nacht im Krankenhaus kam ich nicht zur Ruhe. Sie führten einen Test nach dem anderen durch. Dabei wurden die weitverbreiteten Bakterien entdeckt, die den »Bali Belly« verursachen, aber meine Symptome ließen sich nicht ausschließlich darauf zurückführen. Irgendetwas anderes musste da sonst noch im Argen sein.

Zwei Tage später wurde die Tür zu meinem Zimmer aufgerissen. Die Stationsschwester, die neben mir stand, half mir, mich aufzusetzen, und ich blickte in das strahlende Gesicht eines der Ärzte, die mich untersucht hatten. Bei den letzten Tests hatte man die Ursache meiner Beschwerden gefunden, einen Parasiten. Noch am selben Tag begann die Behandlung, aber erst vier Tage später konnte ich eine ganze Banane am Tag essen und allein das Bad aufsuchen. Sie behielten mich während des gesamten Urlaubs in der Klinik, bis es mir so weit gut ging, dass ich im Rollstuhl zum Flughafen gebracht werden konnte.

Auf dem Rückflug nach Australien konnten Johann und ich es kaum erwarten, endlich wieder zu Hause zu sein. Ich freute mich auf mein Bett, einfache Mahlzeiten und eine Zeit ohne weitere Abenteuer.

Das A und O im Leben ist die Perspektive, aus der man eine Situation betrachtet.

Wir sind in den vorherigen Kapiteln der Frage nachgegangen, wie man die eigene Sichtweise von innen nach außen verändert. Nun möchte ich Ihnen eine weitere wirkmächtige Übung nahelegen, die einen Perspektivwechsel von außen nach innen zur Folge hat: Dankbarkeit.

Dankbarkeit

Die Fähigkeit, Dankbarkeit zu empfinden und als Haltung im eigenen Leben zu verankern, hat nachgewiesenermaßen ungeheuer positive Effekte sowohl auf die psychische Gesundheit als auch auf das allgemeine Wohlbefinden und Selbstwertgefühl. Studien belegen, dass Dankbarkeit die Bindung stärkt, zur Zufriedenheit in einer Beziehung beiträgt und bei Paaren sogar einvernehmliche Konfliktlösungen fördern kann. Aufgrund einer Analyse der Auswirkungen von 24 verschiedenen Charakterstärken auf das individuelle Wohlbefinden (unter anderem Liebe, Demut, Hoffnung, Humor, Aufrichtigkeit) gelangten die Forschenden zu dem Ergebnis, dass der beste Faktor, Sie haben es bestimmt erraten, Dankbarkeit ist.[48] Mit mehr Dankbarkeit gehen mehr Zufriedenheit und Lebensfreude sowie eine Verbesserung der Schlafqualität und der Fähigkeit einher, widrige Umstände zu bewältigen. Das sind gute Nachrichten, oder?

Robert Emmons, einer der führenden Experten und Forscher auf diesem Gebiet, ist der Überzeugung, dass Dankbarkeit aus zwei Komponenten besteht. Erstens die Bestätigung, dass die Welt, vor allem unser Leben, auch einige positive Aspekte aufweist. Und zweitens die Fähigkeit, demutsvoll zu akzeptieren, dass die Quelle positiver Erfahrungen auch außerhalb unseres unmittelbaren Einflussbereichs liegen kann, sei es bei anderen Menschen oder im spirituellen Erleben, bei Gott oder einer höheren Macht.

Warum ist die Haltung der Dankbarkeit imstande, unser Leben so nachhaltig zu bereichern? Die Praxis der Dankbarkeit gehört zu den Aktivitäten, die unser körpereigenes Alarmsystem beruhigen – und unser vegetatives Nervensystem herunterregulieren. Statt hyperwachsam auf Bedrohungen zu reagieren (reale und vermeintliche), richten wir die Aufmerksamkeit, wenn wir Dankbarkeit empfinden, auf das Gute und Positive. Wir fluten unser Gehirn mit belohnenden, neurochemischen Botenstoffen und setzen Stressabbaumechanismen in Gang. Wenn wir beginnen, uns das Dankbarsein zur Gewohnheit zu machen, und im Lauf der Zeit immer wieder üben, wird unser Bewusstsein für das Gute in unserem Leben geschärft, sodass wir den positiven Aspekten mehr Raum geben als den negativen Denkmustern.

Ein Gefühl der Dankbarkeit zu empfinden, wenn Sie Schmerzen haben, kann schwer sein. Ich weiß, wovon ich rede. Wenn der Schmerz uns zum Rückzug zwingt, neigen wir dazu, auf emotionale Distanz zu den Menschen zu gehen, die wir lieben. Wir betrachten das Leben aus der Perspektive von Zuschauenden und sehen nur noch, dass sich andere ungehindert und schmerzfrei bewegen. In einer solchen Situation kann die Praxis der Dankbarkeit nahezu unmöglich sein. Dazu kommt: Wenn Sie sich aufgrund eines depressiven Schubs oder einer Angststörung in einer emotionalen Talsohle befinden und negativen Gedanken nachhängen, erfordert es einen riesigen Sprung, um sich aus dem großen schwarzen Loch zu befreien und Seelenfrieden zu finden, indem Sie über das Gute und Positive in der Welt und in Ihrem

Leben nachsinnen. Ich behaupte nicht, dass es leicht ist, ganz im Gegenteil. Aber es ist *möglich*.

Ich ermutige Sie, zu ergründen, was Dankbarkeit für Sie und Ihre Beziehung bewirken kann. Betrachten Sie die Reise zur Dankbarkeit als eine Lebensweise, als die bewusste Entscheidung, Ihre Aufmerksamkeit auf das Positive zu richten, obwohl Sie leicht von den Dingen abgelenkt werden, die negativ sind. Fokussieren Sie sich darauf, die guten Seiten des wichtigsten Menschen in Ihrem Leben und die Fähigkeiten in den Vordergrund zu rücken, mit denen er oder sie Ihr Leben bereichert. Verleihen Sie jedem Tag einen guten Beigeschmack, indem Sie sich in Erinnerung rufen, dass die Welt aufgrund Ihrer Schmerzen eine Herausforderung darstellen mag, aber dass es sowohl in der Welt als auch in Ihrem Leben positive Aspekte gibt.

Dankbarkeit üben

Hier sind einige Vorschläge, um Ihnen (und Ihrer Partnerin oder Ihrem Partner) zu helfen, die Praxis der Dankbarkeit in Ihrem Alltag zu verankern:

- Nehmen Sie sich jeden Tag mindestens fünf Minuten Zeit, um ein »Dankbarkeitstagebuch« zu führen. Listen Sie alle positiven Aspekte in Ihrem Leben auf, für die Sie dankbar sind.
- Erstellen Sie eine Liste mit Aktivitäten, die Ihre Schmerzen nicht verschlimmern oder dazu beitragen, sie zu verringern.
- Erinnern Sie sich jeden Tag an die guten Dinge in Ihrem Leben und teilen Sie Ihre Erkenntnisse mit Ihrem Partner, Ihrer Partnerin.
- Falls Sie religiös sind und vor einer Mahlzeit ein Gebet sprechen wollen, können Sie auch für die Segnungen danken, die Ihnen zuteilwurden.

- Achten Sie im Verlauf des Tages verstärkt auf alles, wofür Sie dankbar sein können.
- Bringen Sie einmal am Tag Ihre Wertschätzung gegenüber Ihrem liebsten Menschen zum Ausdruck.
- Bedanken Sie sich von ganzem Herzen für etwas, das dieser Mensch für Sie getan hat, oder einfach dafür, dass es ihn gibt.
- Denken Sie regelmäßig über die besten Eigenschaften Ihres Partners oder Ihrer Partnerin und die Gründe nach, warum Sie sich in sie oder ihn verliebt haben.

Viele Paare haben festgestellt, dass sie damit einen Kreislauf der Dankbarkeit und Großherzigkeit in Gang setzen und sowohl die Wertschätzung füreinander als auch den Stellenwert der Beziehung in den Fokus der Aufmerksamkeit rücken.[49] Wenn Sie einander mehr Wertschätzung entgegenbringen, reagieren Sie vermutlich auch einfühlsamer auf die beidseitigen Bedürfnisse.

Aber Halt! Bevor Sie Ihr Tagebuch herausholen, sollten Sie sich einige Dinge klarmachen, die für Ihre Dankbarkeitsübungen wichtig sind. Es gibt Situationen, in denen sie nicht zu den erhofften positiven Ergebnissen geführt haben. Das hat gewöhnlich zwei Gründe. Erstens wurde diese Praxis nicht konsequent oder lange genug im Alltag verankert, um einen echten Wandel herbeizuführen. Es kann Monate dauern, bis die tatsächlichen Vorteile erkennbar sind. Wenn Sie diese Strategie also ausprobieren wollen, sollten Sie es als innere Verpflichtung betrachten, sie mindestens drei Wochen am Stück in die Praxis umzusetzen, bevor Sie die ersten Auswirkungen auf Sie und Ihre Beziehung bewerten.

Der zweite, komplexere Grund ist die Wahrscheinlichkeit, dass wir uns an das Gute in unserem Leben gewöhnt haben und es als selbstverständlich hinnehmen. Ist das auch bei Ihnen der Fall? Wenn ja, sollten Sie gegen die Macht der Gewohnheit ankämpfen und nicht nur über die positiven Aspekte, sondern auch darüber nachdenken, wie Ihr Leben »ohne sie« aussähe. Ein Experiment ergab: Bei Paaren, die schriftlich auflisteten, was ihnen gefehlt hätte, wenn sie einander *nicht* gefunden hätten, war die Zufriedenheit in der Beziehung signifikant größer als bei den Paaren, die einfach ihre Liebesgeschichte aufschrieben.[50]

Das könnte bedeuten, dass Sie in Gedanken die Dinge von Ihrer Liste streichen sollten, die Sie wertschätzen und für die Sie dankbar sind (zum Beispiel Ihren Partner oder Ihre Partnerin) und sich überlegen sollten, wie Ihr Leben ohne sie wäre. Diese Form der Dankbarkeitspraxis führt dazu, dass Sie die positiven Aspekte in Ihrem Alltag bewusster wahrnehmen, trotz der schwierigen Reise, die Sie beide aufgrund Ihrer Schmerzen bewältigen müssen.

Achtsamkeit

Achtsamkeit ist auch hier ein Thema, aus gutem Grund! Wir haben uns schon im Zusammenhang mit der Entwicklung von mehr Selbstempathie damit beschäftigt. Sie erinnern sich sicher, dass Achtsamkeit die bewusste Entscheidung beinhaltet, Ihre Gedanken und Gefühle in dem Moment wahrzunehmen, in dem sie auftreten, ohne sie zu bewerten. Sie bleiben mit der Aufmerksamkeit im Hier und Jetzt, ohne zu überlegen, welche Aufgaben Sie morgen in Angriff nehmen müssen oder was Sie gestern besser unterlassen hätten.

Ein großer Teil des Unterfangens, unser körpereigenes Alarmsystem zu beruhigen und die Kontrolle über unseren emotionalen Zustand zu übernehmen, ist mit der Fähigkeit der Selbstwahrnehmung verbunden. Ich kann nur dann erkennen, dass mein Körper von mir verlangt, einen Gang herunterzuschalten oder sich zu recken und zu strecken, wenn ich mir der subtilen Veränderung in meiner Körperhaltung und in meinen Gedanken bewusst werde, sobald Stress und physische Anspannung zunehmen. Wenn das Pendel in Richtung Kampf-oder-Flucht-Reaktion ausschlägt, kann mich eine Achtsamkeitsübung wieder ins Gleichgewicht bringen und sogar einen Zustand der Tiefenentspannung herbeiführen.

Eine einfache Achtsamkeitsmeditation

Hier sind vier Schritte, die Ihnen als Orientierungshilfe dienen und den Weg durch eine einfache Achtsamkeitsmeditation weisen können.

1. Der erste Schritt besteht darin, die Aufmerksamkeit auf Ihre Atmung zu richten. Atmen Sie sanft ein und aus. Lassen Sie den Atem fließen, ohne ihn zu beeinflussen. Fokussieren Sie sich darauf, wie sich Ihr Brustkorb beim Einatmen hebt und beim Ausatmen senkt.
2. Beobachten Sie jeden Gedanken, der aufkommt, ohne zu werten. Versuchen Sie dabei, Ihre Aufmerksamkeit weiterhin auf Ihre Atmung zu konzentrieren. Nehmen Sie den Gedanken einfach nur wahr. Lassen Sie ihn ziehen und richten Sie Ihre Aufmerksamkeit wieder auf Ihre Ein- und Ausatmung.
3. Während Sie die langsamen, sanften und tiefen Atemzüge mit Ihrer Aufmerksamkeit begleiten, versuchen Sie, tiefer in Ihren Körper hineinzuspüren. Achten Sie dabei auf Bereiche, die verspannt oder schmerzhaft sind. Nehmen Sie wahr, wie sich die Anspannung anfühlt, und lenken Sie Ihren Atem in diesen Bereich, um sie zu lösen. Richten Sie Ihre ganze Aufmerksamkeit auch weiterhin auf Ihren Körper und Ihre Atmung.
4. Genießen Sie den Zustand vollkommener Entspannung und Achtsamkeit. Beschränken Sie die Übung am Anfang auf etwa

fünf bis zehn Minuten. Wenn Sie merken, dass sie Ihnen guttut und Sie sich wohlfühlen, können Sie die Achtsamkeitsmeditation zweimal am Tag durchführen und auf jeweils zwanzig Minuten ausweiten.

Die Tiefenatmung ist eine einfache, aber ungeheuer wirkungsvolle Methode, um Stress und Ängste zu bekämpfen. Sie reguliert und passt den Atemfluss an einen natürlichen Rhythmus an, wodurch ein Hirnareal aktiviert wird, das einen Zustand der Ruhe und Gelassenheit fördert. Eine flache, hektische Atmung hat im Gegensatz dazu einen Sauerstoffabfall zur Folge und signalisiert dem Gehirn, dass eine »Stresssituation« vorliegt. Deshalb ist es empfehlenswert, jeden Tag mehrmals die Tiefenatmung zu praktizieren, nicht nur während der Achtsamkeitsmeditation. Wie Russ Harris in seinem Buch *Raus aus der Glücksfalle* beschreibt, ist sie wie ein Anker in einem emotionalen Sturm: Der Anker kann den Sturm nicht verhindern, aber uns sicher halten, bis er vorüber ist.[51]

Natürlich ist die Meditation nicht das einzige Mittel, um mehr Achtsamkeit in unser Leben zu bringen. Sie können auch Ihren Alltag achtsam bewältigen, sprich Ihre ungeteilte Aufmerksamkeit auf Ihre jeweilige Aktivität richten, Ihre Wahrnehmung auf den gegenwärtigen Moment konzentrieren und Ablenkungen vermeiden. Wenn Ihnen das gelingt, können Sie laut Stan Rodski, Neurowissenschaftler und Autor von *The Neuroscience of Mindfulness*, Ihre Lebensqualität erheblich verbessern: Sie haben mehr Energie und eine klarere Lebensperspektive, steigern Ihr körperliches und seelisches Wohlbefinden, fördern Ihre zwischenmenschlichen Beziehungen und verfügen über wirksamere Strategien für den Umgang mit Stress![52]

Akzeptanz

Ein Faktor, der erheblich zur Entstehung von Stress beiträgt (abgesehen von den chronischen Schmerzen), kann die Diskrepanz zwischen Wunsch und Wirklichkeit sein. Wir alle verknüpfen Hoffnungen und bestimmte Erwartungen mit unserem Leben und streben ein ideales Selbstbild an, das nicht immer mit unseren aktuellen Gesundheitsproblemen übereinstimmt. Außerdem leben wir in einer Gesellschaft, die uns ständig vor Augen hält, dass Selbstoptimierung das Gebot der Stunde ist: Wir sollten uns bemühen, wohlhabender, attraktiver, erfolgreicher, glücklicher, besser gekleidet, smarter und – insbesondere auf uns gemünzt – topfit zu werden.

Diese Diskrepanz zwischen unserem von Schmerzen geprägten realen Leben und unserem Bild von einem idealen Leben (das von der Gesellschaft beeinflusst ist) kann tief in unserem Inneren den perfekten Nährboden für Minderwertigkeitsgefühle, Unsicherheit, Frustration und damit zusätzliches Leiden schaffen. Sie treibt uns auf unserer endlosen Suche nach Linderung und Heilung weiter an. Bedauerlicherweise lassen viele zu, dass diese »Suche nach dem Heiligen Gral« ihr Leben bestimmt und die Schmerzfreiheit zu einer Art Gradmesser für die persönliche Zufriedenheit wird. »Wenn die Schmerzen nicht wären, könnte ich ein erfülltes Leben führen.« »Wenn ich weniger Schmerzen hätte, wäre ich in der Lage, dieses oder jenes zu tun.« Sie wissen, was ich meine. Ihnen sind solche Gedanken mit Sicherheit auch schon durch den Kopf gegangen. Genau wir mir.

Doch dann kommt der Zeitpunkt, an dem wir erkennen, dass wir möglicherweise nicht in der Lage sind, die Antwort zu finden, die wir uns verzweifelt wünschen. Uns wird bewusst, was »chronisch« in Wirklichkeit bedeutet, und dass es keinen Leitfaden gibt, der uns zeigt, wie es nun weitergehen soll. Sollen wir die Suche nach einem »Heilmittel« einstellen? Werden die Schmerzen schlimmer, wenn wir sie tatenlos hinnehmen? Wir stellen fest, dass wir einen Sturm der Gefühle entfesseln, wenn wir mit physischen Schmerzen, Enttäuschung, Hoffnung und emotionalem Stress ringen, und dass wir schließlich unsanft auf dem Boden der Tatsachen landen – an einem Punkt, an dem sich zwei Wege kreuzen. Ich bin ziemlich sicher, dass Sie solche Scheidewege kennen. Wenn nicht, werden Sie feststellen, dass sie zwei Optionen bieten: den Weg der Akzeptanz und den Weg des Widerstands. Beide sehen wenig einladend aus, grauenvoll, genauer gesagt. Hoffentlich haben Sie Balsam für die Seele und genug Taschentücher zur Hand, wenn Sie an diesen Scheideweg gelangen.

Akzeptanz ist ein interessantes Konzept und ein Weg, der uns einiges abverlangt. Die meisten Leute weigern sich, ihn zu wählen (genau wie ich am Anfang), weil sie der Überzeugung sind, Akzeptieren sei mit Kapitulieren gleichzusetzen. Ehrlich gesagt: Permanente Schmerzen sind das Letzte, was wir uns wünschen! Wer würde diese Tortur schon freiwillig über sich ergehen lassen? Ich stellte jedoch bald fest, dass ich mich geirrt hatte. Akzeptieren bedeutet nicht, dass wir aufgeben! Akzeptieren und Agieren können gleichzeitig existieren! Der Weg der Akzeptanz ist eine Wahlmöglichkeit, die ein Sowohl-als-auch beinhaltet: Wir können den ständigen Kampf um die Kontrolle über die Schmerzen aufgeben und uns gleichzeitig auf das Leben einlassen. Wenn Sie sich dafür entscheiden, haben Sie gute Chancen, Ihre Schmerzattacken zu verringern, Ihre Lebensqualität zu steigern und Ihre Beziehung zu verbessern, weil viele schmerzbezogene Probleme entfallen.[53]

Ich erinnere mich an das erste Mal, als ich mit dem Weg der Akzeptanz konfrontiert wurde. Das war der Abend, an dem ich meine Chefin anrufen und ihr mitteilen musste, dass ich nicht mehr in der Lage war, weiterhin in ihrer Kinderheilkunde-Praxis zu arbeiten. Stundenlang saß ich mit dem Hörer in der Hand da, völlig verzweifelt, aber tief in meinem Innern wusste ich, dass es an der Zeit war, meinem Körper die Ruhe zu gönnen, die er brauchte. Um die therapeutischen Sitzungen durchhalten zu können, trug ich eine sogenannte Hüftorthese unter meiner Kleidung – eine feste Bandage, die Hüfte und Oberschenkel umschließt und der Unterstützung und Stabilisierung dient – und ging während der Mittagspause zur Physiotherapie, um die Schmerzen einigermaßen in den Griff zu bekommen. Jeden Abend und jedes Wochenende stand die Erholung von den Strapazen auf dem Programm – unser Haus glich einem türkischen Hamam mit all den Wärmepackungen, heißen Bädern und Wärmflaschen. Der Anruf in der Praxis fiel mir schwer, weil ich in dieser Phase meines Lebens noch bestimmte Erwartungen an meine berufliche Laufbahn hatte. Ich wollte Kindern helfen, ihnen wirksamere Kommunikationsmöglichkeiten beibringen und sie und ihre Familien zum Durchhalten ermutigen. Als ich an jenem Abend den Hörer in der Hand hielt, gelang es mir, meine Angst vor der Zukunft hinunterzuschlucken. Und als ich die Erwartungen an mein Leben endlich losgelassen hatte, war ich erstaunlicherweise imstande, einen neuen Weg zu akzeptieren und seine positiven Aspekte zu erkennen. Ich hatte mir nie vorgestellt, dass ich Jahre später in vielen Kliniken miteinander vernetzte Gesundheitsteams finden würde, die unsere Community unterstützten.

Eine wunderbare Erinnerung daran, dass Sie Ihren Schmerzzustand so akzeptieren können, wie er momentan ist, und sich gleichzeitig das Ziel setzen können, ihn zu verbessern, stammt aus dem »Gelassenheitsgebet« von Reinhold Niebuhr, das Sie vielleicht kennen:

> *Gott, gib mir die Gelassenheit, Dinge hinzunehmen, die ich nicht ändern kann, den Mut, Dinge zu ändern, die ich ändern kann, und die Weisheit, das eine vom anderen zu unterscheiden.*

Jedes Mal, wenn ich an einen Scheideweg gelange, an dem es darum geht, aufgrund der Schmerzen bestimmte Veränderungen in meinem Leben zu akzeptieren (ja, vor solchen Weggabelungen stehen wir nicht nur einmal), werde ich von einem Gefühl des Verlusts überwältigt. Aber ich weiß auch, dass Widerstand zusätzliches Leiden verursachen würde. Ich habe gelernt, dass die Entscheidung für die Akzeptanz den als schmerzlich empfundenen Raum zwischen meinem realen und meinem idealen Leben verengt. Bei meiner Arbeit mit Menschen, die sich schwierigen Lebensereignissen gegenübersehen – gleich ob es sich um Eltern handelt, die trauern, weil ihr Kind mit Beeinträchtigungen zur Welt gekommen ist, um Menschen, die aufgrund seelischer Verletzungen in unsere psychiatrische Klinik kommen, oder um Schmerzpatienten oder -patientinnen mit Beziehungsproblemen – habe ich die Erfahrung gemacht, dass diejenigen, die eine klare Entscheidung getroffen haben, ihre gegenwärtige Situation zu akzeptieren, am Ende an der Herausforderung wachsen. Das Gute ist: Wenn Sie immer wieder den Weg der Akzeptanz wählen, gelangen Sie irgendwann an einen Punkt, an dem Sie bei einem Blick zurück das Ziel nicht mehr erkennen können, das Sie einmal angestrebt hatten. Sie haben gar keine andere Wahl, als nach vorn zu schauen und den Weg wahrzunehmen, der sich vor Ihnen öffnet, der jetzt schon viel Gutes mit sich bringt und trotz der Schmerzen in die Zukunft führt. Ein Weg, der viele Dinge enthält, für die Sie dankbar sein können.

Lange Rede, kurzer Sinn

- *Wenn Sie die Dankbarkeit in Ihrem Leben als festes Ritual verankern, können Sie Ihre psychische Gesundheit – und Ihre Beziehung – dramatisch verbessern.*

- *Zu den Schlüsselstrategien für die Dankbarkeitspraxis bei chronischen Schmerzen gehören unter anderem, ein Dankbarkeitstagebuch zu führen, über das Gute in Ihrem Leben nachzudenken und Ihrem Partner oder Ihrer Partnerin jeden Tag mit Wertschätzung zu begegnen.*
- *Die Praxis der Achtsamkeit bietet zahlreiche Vorteile: mehr Energie, eine klarere Lebensperspektive, die Förderung des emotionalen und körperlichen Wohlbefindens und eine Verbesserung der Beziehung.*
- *Durchhaltevermögen zahlt sich aus – es dauert seine Zeit, bis sich die ersten Veränderungen bemerkbar machen.*
- *Tiefenatmung und Akzeptanz sind zwei einfache, aber wichtige Strategien, um Stress abzubauen.*

13
Die andere Seite

Stellen Sie sich einmal folgendes Szenario vor: Die Teilnehmenden einer Laufveranstaltung nehmen ihre Startposition im Stadion ein. Niemand weiß genau, wie lang die Strecke ist, die vor ihm liegt, ob es sich um einen Hundert-Meter-Sprint oder einen Marathon handelt. Sobald der Startschuss ertönt, laufen alle los, aber bei der Hundert-Meter-Marke endet der Wettbewerb nicht. In diesem Moment wird den Teilnehmenden klar, dass es um einen Marathon geht, und die Gruppe driftet auseinander. Einige geben auf, andere machen weiter. Und wieder andere kämpfen mit sich, möchten zwar weiterlaufen, sind sich aber nicht sicher, ob sie bis zum Ende durchhalten.

Dieses Szenario habe ich oft vor Augen, wenn ich an die Reise der Menschen denke, deren Partner oder Partnerin unter chronischen Schmerzen leidet. Daran denke ich auch, wenn sie mir anvertrauen, wie oft sie sich erschöpft und überfordert angesichts der Ungewissheiten und der fortwährenden Belastungen fühlen, die mit den Schmerzen und den Gesundheitsproblemen des geliebten Menschen verbunden sind.

Burn-out bei Betreuungspersonen

Sarah und Mark sind ein Paar. Mark hatte sich bei einem Autounfall eine Rückenverletzung mit anhaltenden Schmerzen zugezogen. Anfangs war Sarah sein Fels in der Brandung. Sie war immer für ihn da, sowohl auf der emotionalen als auch auf der praktischen Ebene, motivierte ihn, nach vorn zu blicken, und sorgte dafür, dass Haushalt und Kindererziehung wie am Schnürchen liefen. Doch nach zwei Jahren war Sarah am Ende ihrer Kräfte. Sie erzählte, dass sie bisweilen heimlich Groll, Wut und Angst empfand. Sie schlief schlecht, zog sich innerlich immer mehr zurück und hatte oft ein Gefühl der Hoffnungslosigkeit. »Reiß dich zusammen, schließlich bist du es ja nicht, die ständig Schmerzen hat, du bist nur mitbetroffen«, pflegte sie sich selbst einzureden. Man sah auf den ersten Blick, dass sie eine Auszeit brauchte. Sie war völlig ausgebrannt.

Wenn Sie unter chronischen Schmerzen leiden, ist es eine wunderbare Erfahrung, sich von der wichtigsten Person in Ihrem Leben geliebt zu fühlen, die für Sie da ist, Sie unterstützt und ihre eigenen Bedürfnisse bisweilen hintanstellt. Sie sollten sich jedoch klarmachen, dass diese Person, die Sie von ganzem Herzen umsorgt und ihr persönliches Wohlbefinden darüber vernachlässigt, das Risiko eingeht, einen Burn-out zu erleiden. Der Burn-out bei betreuenden Angehörigen ist ein Zustand der emotionalen, physischen und psychischen Überforderung, der sich langsam einschleicht, ausgelöst durch die dauerhafte Belastung, den vielfältigen Anforderungen des Alltags gerecht zu werden. Weitverbreitete Anzeichen? Emotionale und körperliche Erschöpfung, die Unfähigkeit, Gefühle wahrzunehmen, verminderte Leistungsfähigkeit und Motivationsverlust.

Mitgefühlserschöpfung

Sie sollten nicht nur auf Anzeichen für einen Burn-out, sondern auch auf Symptome achten, die auf eine sogenannte Mitgefühlserschöpfung hinweisen. Dieser Zustand ist durch emotionalen und körperlichen Stress gekennzeichnet, verursacht durch fortwährende Hilfe und Zuwendung, was zu einer Desensibilisierung der Betreuungspersonen und einem Mangel an Empathie führen kann. In einer Paarbeziehung kann Mitgefühlserschöpfung verschiedene Formen annehmen, auf die ich hier näher eingehen möchte. Doch generell macht sie sich in einem Verlust der Fähigkeit oder des Interesses bemerkbar, sich in die Lage der Betroffenen hineinzuversetzen. Diesem Risiko sind, wie beim Burn-out, vor allem Menschen ausgesetzt, für die Empathie und Fürsorglichkeit einen besonders hohen Stellenwert haben.

Während der Arbeit an diesem Buch lernte ich eine Neuropsychologin kennen, die auf diesem Gebiet forscht und veröffentlicht. Sie schlug vor, statt von Mitgefühlserschöpfung von »Empathie-Ermüdung« zu sprechen. Das erscheint mir sinnvoll. Doch ungeachtet der Bezeichnung sollten wir uns vor allem des Risikos bewusst sein, das Betreuungspersonen eingehen. Wir sollten sowohl einen Präventionsplan, der an die Warnzeichen anknüpft, als auch einen Interventionsplan entwickeln, der greift, sobald klar wird, dass sich der Partner oder die Partnerin innerlich zurückzieht und Hilfe benötigt.

Während der Schwangerschaft litt ich unter *Hyperemesis gravidarium*, einer Komplikation, die mit besonders starker Übelkeit und Erbrechen, Gewichtsabnahme und Dehydratation einhergeht. Unverblümt ausgedrückt hing ich während der gesamten neun Monate ständig über dem WC. Anfangs begleitete mich Johann in jede Toilettenkabine, wenn wir unterwegs waren, hielt mir die Haare zurück und litt mit mir. Aber neun

Monate sind eine verdammt lange Zeit. Als ich eines Nachmittags, eine Woche vor der Geburt unseres Sohnes, wieder aus dem Badezimmer auftauchte, wo ich erneut alles von mir gegeben hatte, was sich in meinem Magen befand, eilte Johann herbei. Ich dachte, jetzt käme die gewohnte mitfühlende Umarmung, doch stattdessen hielt er mir sein Smartphone vor die Nase und sagte: »Schau dir mal diese urkomische Memme auf Facebook an!« Mir war nicht nach Lachen zumute. Offenbar war sein Vorrat an Empathie aufgebraucht. Null Komma nichts mehr übrig. Aber ich war deswegen nicht wütend. Da ich selbst in einem Betreuungsberuf arbeitete, kannte ich die Anzeichen einer beginnenden Mitgefühlserschöpfung, und deshalb sprachen wir unverzüglich über den Umgang mit den Belastungen und planten die notwendigen Maßnahmen, um einem Burn-out vorzubeugen.

Anzeichen für eine Mitgefühlserschöpfung

Jeder Mensch verfügt über individuelle Warnsignale auf der Skala der Mitgefühlserschöpfung, zu denen auch die folgenden gehören können.[54] Betrachten Sie die Liste als Ausgangsbasis, um Veränderungen auf der emotionalen, physischen und Verhaltensebene auf den Grund zu gehen, die mit dieser oft unvermeidbaren Folge der Fürsorge in Zusammenhang stehen könnten. Bitte beachten Sie, dass diese Liste keine professionelle Diagnose ersetzt.

- eingeschränkte Empathiefähigkeit
- emotionale und körperliche Erschöpfung
- Probleme herunterspielen (die im Vergleich zum Leiden der Betroffenen als gering empfunden werden)
- Hypersensitivität oder völlige Unempfänglichkeit für die Gefühle anderer Personen

- Schlafstörungen
- sozialer Rückzug oder Isolation
- Wut oder erhöhte Reizbarkeit
- Gefühl der Hilf- und Hoffnungslosigkeit
- zunehmender Konsum von Alkohol, Medikamenten oder Suchtverhalten in anderer Form
- psychische Probleme (für gewöhnlich Depressionen oder Angstzustände)
- ständiges Grübeln über die traumatischen Erfahrungen der Partnerin oder des Partners
- heimlicher Groll oder das Gefühl, nicht ausreichend wertgeschätzt zu werden
- Gefühl der Überforderung und beeinträchtigte Entscheidungsfähigkeit
- mangelnde Selbstfürsorge
- distanziertes Verhalten oder die Neigung, den Betroffenen aus dem Weg zu gehen

Zum Glück können Sie einige Schritte einleiten, um zu verhindern, dass Ihr Partner oder Ihre Partnerin einen Burn-out oder eine Empathie-Ermüdung entwickelt. Es gibt Möglichkeiten, die wenig Energie erfordern, sich leicht in die Praxis umsetzen lassen und die Reise mit Ihnen steuerbarer machen, weil sie Hindernisse auf dem Weg in die außergewöhnliche Partnerschaft beseitigen, die Sie sich beide wünschen und die Sie verdienen. Welche Möglichkeiten das sind, erfahren Sie im nächsten Kapitel.

Lange Rede, kurzer Sinn

- *Für die betreuenden Partner und Partnerinnen besteht das Risiko, einen Burn-out zu erleiden.*
- *Der Burn-out ist ein Zustand der emotionalen, physischen und psychischen Erschöpfung, zurückzuführen auf die Belastungen, die mit der Fürsorge verbunden sind.*
- *Ein weitverbreitetes Anzeichen ist die Mitgefühlserschöpfung, der Verlust der Empathiefähigkeit aufseiten der Betreuenden.*
- *Zu den weiteren Warnsignalen gehören Abgespanntheit, Schlafstörungen, emotionaler Rückzug, Wut oder erhöhte Reizbarkeit, das Gefühl der Hoffnungslosigkeit und mangelnde Selbstfürsorge.*

14
Unterstützung in einer Partnerschaft

»Moment mal, unterstützen?«, fragen Sie sich vielleicht. »Wie denn? *Ich* bin betroffen, *ich* leide unter ständigen Schmerzen.«

Ich weiß, dass Sie Schmerzen haben, die Ihr Partner oder Ihre Partnerin vermutlich nicht kennen und nur schwer verstehen können. Ich weiß auch, dass Ihre ganze Kraft und Aufmerksamkeit darauf fokussiert sind, zu überleben und jeden Tag irgendwie durchzustehen. Aber die Veränderungen, die aufgrund der Schmerzen eintreten, betreffen beide. Auch das Leben des Menschen, den Sie lieben, gerät dadurch in vieler Hinsicht aus dem Lot.

Wenn Sie sich jeden Tag einen kleinen Rest Energie bewahren, um sich vor Augen zu führen, welche Herausforderungen Ihr Partner oder Ihre Partnerin infolge Ihres Gesundheitszustands in Wirklichkeit bewältigen muss, können Sie absichtsvoll Unterstützung leisten, Enttäuschungen vorbeugen (der eigentliche Grund dafür, dass Sie dieses Buch lesen) und Ihrem Ziel einer starken und erfüllten Beziehung ein Stück näherkommen. Sie können dem Menschen, der die Nummer eins für Sie ist, mit dem gleichen Verständnis und der gleichen Fürsorge begegnen, die Ihnen zuteilwird, und damit einen grundlegenden Wandel in seinem Leben herbeiführen. Vergessen Sie nicht, dass die Zufriedenheit in einer Beziehung vom *beidseitigen* emotionalen Wohlbefinden abhängt. Deshalb ist es an der Zeit, das Augenmerk auf den Beitrag zu richten, den *Sie* leisten können. Falls Sie weitere Gründe brauchen, um in die Unterstützung zu investieren: Sie werden feststellen, dass Sie damit im Gegenzug die Fähigkeit Ihres Partners, Ihrer Partnerin fördern, auf Ihre Bedürfnisse einzugehen. Ich versichere Ihnen jedoch, das ist nicht der Hauptgrund, weshalb ich Mittagessen für meinen Mann koche.

Werfen wir aber zuerst einen Blick darauf, wie sich Mitgefühlserschöpfung und Burn-out vermeiden lassen. Als Sie Ihren Partner oder Ihre Partnerin Schritt für Schritt über Ihren Gesundheitszustand aufgeklärt und betont haben, wie wichtig es ist, Teamgeist zu entwickeln (siehe Kapitel 2), haben Sie versprochen, ihn oder sie bestmöglich zu unterstützen, sobald Sie in der Lage sind, sich darauf zu konzentrieren. Jetzt ist es so weit, der Dialog ist eröffnet. Beginnen Sie damit, aufmerksam zuzuhören, wenn die Herausforderungen zur Sprache kommen, und bekunden Sie Ihre Empathie. Unterstützung weckt das Gefühl, verstanden und wertgeschätzt zu werden. Wenn Sie nicht wissen, wo Sie anfangen sollen, können Sie ihm oder ihr die Liste mit den weitverbreiteten Schwierigkeiten der betreuenden Angehörigen zeigen. Hat er oder sie mit einem der Probleme zu kämpfen?

- Gefühl der Hilflosigkeit oder Schuldgefühle
- Leiden an der Unvorhersehbarkeit der Schmerzattacken, die gemeinsame Aktivitäten einschränken und Spontaneität verhindern
- Probleme mit Intimität und Nähe
- Druck, die finanzielle Versorgung zu sichern
- Übermacht der Gesundheitsprobleme, die alles überschatten
- zunehmende Verantwortung für Haushalt und Betreuungsaufgaben

- psychische Probleme (Ihre und die eigenen)
- Veränderungen der gemeinsamen Ziele und Zukunftspläne

Sobald Sie Ihre Aufmerksamkeit auf die Herausforderungen richten, die Ihr Partner oder Ihre Partnerin aufgrund Ihres Gesundheitszustands bewältigen müssen, können Sie ihn oder sie besser unterstützen. Allein dadurch, dass Sie das Thema offen ansprechen, wenn Sie erste Anzeichen der Erschöpfung entdecken, verschaffen Sie Ihrem Lieblingsmenschen unverzüglich Erleichterung.

Als Nächstes nehmen Sie Ihre Terminkalender zur Hand, um sicherzugehen, dass Sie beide die nötigen Ruhepausen erhalten. Auch Nichtbetroffene brauchen dringend eine Auszeit, in der sie die Sorgen und Verantwortlichkeiten, die mit Ihren Gesundheitsproblemen verbunden sind, auf Eis legen können. Es kann auch hilfreich sein, zu klären, womit sie sich überfordert fühlen, sodass Sie versuchen können, unnötige Stressfaktoren und Belastungen zu vermeiden. Möglicherweise sind dazu Dienstleistungen von außen unerlässlich. Sprechen Sie zuerst miteinander ab, welche Art Hilfe gebraucht wird. Danach überlegen Sie gemeinsam, wie Sie sich die nötige Unterstützung beschaffen und welches Budget Ihnen dafür zur Verfügung steht.

Wichtig ist auch, darauf zu achten, dass Ihr Partner, Ihre Partnerin in ein starkes soziales Netz eingebunden ist. Eine tiefe, sichere Bindung zu Ihnen kann als Puffer für psychische Probleme dienen, doch das reicht nicht aus. Es bedarf weiterer Sozialkontakte. Falls der Kontakt zum Familien- oder Freundeskreis eine Nebenrolle spielt, weil die Nummer eins in Ihrem Leben für Sie da ist, sollten Sie Ihren Partner oder Ihre Partnerin ermutigen, auch andere Beziehungen wiederzubeleben. Sogar eine kurze Textnachricht kann ein guter Ausgangspunkt sein, um neu ins Gespräch zu kommen.

Wenn Ihr Partner oder Ihre Partnerin auch ihre persönlichen Interessen und Hobbys vernachlässigt hat, weil Ihre Betreuung im Vordergrund stand, reicht vielleicht schon ein »Wink mit dem Zaunpfahl«, damit sie sich mehr Zeit dafür nehmen. Wie wäre es, wenn Sie ihm oder ihr etwas schenken, was die Vorfreude darauf weckt? Im Lauf der Jahre ist mir der Zusammenhang zwischen den Zeiten aufgefallen, in denen ich mir mehr Unterstützung von Johann gewünscht hätte, und den Zeiten, in denen Johann nicht dazu kam, für sein eigenes Wohlbefinden zu sorgen. Angesichts dessen, dass sie uns oft nicht nur ihre Arme und Beine zur Verfügung stellen, sondern auch die Rolle von Psychologinnen, Apothekern, Liebhabern und besten Freundinnen übernehmen, ist eine kleine Auszeit nicht zu viel verlangt, oder? Wenn die Batterie leer ist, geht nichts mehr.

Nicht zuletzt sollten Sie darauf achten, ob Ihr Partner oder Ihre Partnerin genug Schlaf bekommt und sich ausgewogen ernährt. Falls Ihnen sein oder ihr mentaler Gesundheitszustand Sorge bereitet, sollten Sie ihn oder sie ermutigen, professionelle Hilfe in Anspruch zu nehmen.

Wenn Sie diese Strategien umsetzen, werden Sie feststellen, dass Ihr Partner, Ihre Partnerin in der Lage ist, Kraft zu tanken und die schwierige Situation zu bewältigen, in der Sie sich beide befinden. Dank Ihrer »maßgeschneiderten« Unterstützung wird die Beziehung nicht nur aufgefrischt, sondern auch resilienter.

Schluss mit dem schlechten Gewissen

Wenn Ihr Partner oder Ihre Partnerin ermutigt werden, etwas für sich selbst zu tun, haben sie vielleicht ein schlechtes Gewissen, Aktivitäten nachzugehen, auf die Sie verzichten müssen, weil sie mobiler sind oder das Leben zu bestimmten Zeiten einfach mehr genießen können als Sie. Das kommt häufig vor in einer Paarbeziehung. Es ist aber wichtig, dass Sie Ihren liebsten Menschen auch weiterhin zu solchen Aktivitäten ermutigen und versuchen, ihm die Schuldgefühle wegen der eigenen Lebensfreude zu nehmen. Ja, auch dann, wenn es sich um Aktivitäten handelt, die Sie früher gemeinsam unternommen haben und die derzeit für Sie nicht infrage kommen. Johann und ich waren früher jeden Tag im Fitnessstudio. Er saß neben mir auf dem Fahrrad-Ergometer und trat in die Pedalen, während ich mich auf dem Laufband abstrampelte. Außerdem gingen wir gemeinsam surfen. Ehrlich gesagt, anfangs fiel es mir schwer, mich an den Gedanken zu gewöhnen, dass er diesen Aktivitäten schmerzfrei und ohne mich nachging. Doch mit dem festen Entschluss gewappnet, die Störfaktoren in unserer Beziehung so weit wie möglich zu beseitigen, die auf meine chronischen Schmerzen zurückzuführen waren, und dem tief empfundenen Wunsch, seine Batterien wieder aufgefüllt zu sehen, ermutigte ich ihn und beteuerte, dass ich mich darauf freuen würde, bei seiner Rückkehr etwas über seine Erlebnisse zu erfahren.

Ermutigen Sie Ihren Partner oder Ihre Partnerin, das zu tun, was ihnen Spaß macht, auch ohne Sie? Ich kann Ihnen versichern: Die Gefühle, die sich dabei einstellen, sind nichts im Vergleich zu den Gefühlen, die über Sie hereinbrechen, wenn die Beziehung in die Brüche zu gehen droht. Sie werden sogar feststellen, dass es sich gut anfühlt, wenn Sie Ihren liebsten Menschen angespornt haben, auch die eigenen Möglichkeiten im Leben trotz der widrigen Umstände voll auszuschöpfen.

Es geht nicht um mich, sondern um dich

Manchmal erkennen wir die Bedürfnisse des Partners oder der Partnerin nicht, weil sie meinen, es stünde ihnen nicht zu, sich zu beklagen, da wir ja diejenigen sind, die unter chronischen Schmerzen leiden. Doch sie sollten wissen, dass es völlig okay ist, die Fassung angesichts dessen zu verlieren, was die Krankheit in ihrem Leben und vor allem bei Ihnen, dem geliebten Menschen, anrichtet! Ihr Partner, Ihre Partnerin haben jedes Recht der Welt, Wut über die Situation zu empfinden, auch einmal einen schlechten Tag zu haben und im Hinblick auf die Zukunft traurig oder besorgt zu sein. Es ist für alle frustrierend, auch für sie, sich aufgrund Ihrer Schmerzerkrankung von dem gemeinsamen Lebensentwurf, den Hoffnungen und Plänen trennen zu müssen. Oft wissen sie nicht genau, wie sie helfen können, sind in ihrem Handlungsspielraum eingeschränkt, müssen hinnehmen, dass Pläne in letzter Minute zunichte gemacht werden, oder müssen tatenlos mitansehen, wie die Krankheit Sie verändert.

Manchmal leisten sie uns schweigend Gesellschaft, wenn die Schmerzen zu groß sind, um zu sprechen. Oder sie müssen als »Versuchskaninchen« herhalten und alle nur erdenklichen entzündungshemmenden »grünen« Stärkungsmittel testen, die wir in der Hoffnung auf eine Besserung unseres Zustands zusammengebraut haben. (Der letzte Punkt kam von Johann, der meinen pflanzenbasierten Ernährungsexperimenten nicht viel abgewinnen kann.)

Das Leben hat sich für beide Seiten verändert. Es ist okay, wenn Ihr Partner oder Ihre Partnerin damit zu kämpfen haben.

Emotionale Intelligenz

Es gibt eine Reihe von Kompetenzen, die darüber entscheiden, wie Menschen mit Problemen und Widrigkeiten in einer Beziehung umgehen. Dazu gehört unter anderem die emotionale Intelligenz. Emotionale Intelligenz (manchmal auch EQ oder Emotionaler Intelligenzquotient genannt) stellt eine wunderbare Mischung aus der Fähigkeit dar, Gefühle zu erkennen, zu regulieren und zum Ausdruck zu bringen, die Gefühle anderer wahrzunehmen und klug und empathisch an zwischenmenschliche Beziehungen heranzugehen.[55] Manche halten sie für den Schlüssel zu einer gelungenen Beziehung, die keine Wünsche offen lässt.

Möchten Sie, dass Ihr Partner, Ihre Partnerin die Situation besser bewältigt? Dann sollten Sie ihn oder sie ermutigen, die folgenden fünf Komponenten der emotionalen Intelligenz zu fördern (und es hoffentlich zu wahrer Meisterschaft darin zu bringen). Sie stammen von Daniel Goleman, der in seinem Buch *EQ. Emotionale Intelligenz* der Frage nachgeht, warum der EQ bisweilen wichtiger sein kann als der IQ:

- Selbstwahrnehmung
- Selbstregulierung
- Motivation
- Empathie
- Soziale Kompetenz[56]

Wie unschwer zu erkennen ist, bilden diese fünf Komponenten eine starke positive Kraft, die den Zusammenhalt in der Beziehung trotz zeitweiliger Prüfungen stärkt. Darüber hinaus ermöglichen sie eine effektivere Kommunikation. Ich möchte Ihnen aber trotzdem nicht empfehlen, das Thema »Verbesserung der emotionalen Intelligenz« angelegentlich beim Abendessen zu erwähnen – das wäre vermutlich kein kluger Schachzug. Ich schlage Ihnen stattdessen vor, die Verbesserung der emotionalen Intelligenz als *gemeinsames Ziel* auf Ihre Agenda zu setzen. Warum arbeiten Sie nicht zusammen daran und treiben damit das Wachstum Ihrer Beziehung voran? Emotionale Intelligenz ist eine Fähigkeit, die jeder Mensch erwerben kann.

Hier einige Übungen für den Anfang:

Üben Sie, Gefühle zu identifizieren

Erweitern Sie das Verständnis Ihrer Gefühle, indem Sie sie benennen und danach der Frage auf den Grund gehen, warum sie aufgetreten sind.

Regulieren Sie negative Gefühle

Wenn Sie das Bewusstsein für Ihre Empfindungen und die Auslöser negativer Gefühle schärfen, können Sie sich darauf fokussieren, sie angemessen zu steuern. Es ist unerlässlich, dass Sie in stressreichen Situationen in der Lage sind, Entscheidungen auf der Grundlage wichtiger Informationen zu treffen, ohne sich dabei von Ihren Gefühlen leiten zu lassen.

Erstellen Sie eine Liste mit den Aktivitäten, die Ihre Stimmung aufhellen, und teilen Sie diese mit Ihrem Partner oder Ihrer Partnerin, die ja mitbetroffen sind. Dieser Schritt möchte Sie daran erinnern, dass Sie versuchen sollten – falls Sie es nicht schon tun –, Ihre Gefühle zu beherrschen, statt sich von ihnen beherrschen zu lassen.

Üben Sie, die Perspektive zu wechseln

Wenn Probleme auftauchen, die einer Lösung bedürfen, sollten Sie nicht spontan oder aus einem Bauchgefühl heraus reagieren. Nehmen Sie sich Zeit, um sowohl die Perspektive Ihres Partners oder Ihrer Partnerin als auch alternative Sichtweisen in Betracht zu ziehen.

Stärken Sie Ihre Empathiefähigkeit

Wir alle haben mit Problemen in unserem Leben zu kämpfen. Versetzen Sie sich jeden Tag aufs Neue in die Lage Ihres Partners, Ihrer Partnerin. Überlegen Sie, was an diesem Tag schwierig für ihn oder sie gewesen könnte und Empathie verdient.

Fördern Sie die Motivation

Eine wichtige Komponente der emotionalen Intelligenz ist die Selbstmotivation. Sie treibt uns an, unsere Ziele zu erreichen und sowohl in unserem Leben als auch in unserer Beziehung nach Erfüllung zu streben. Daniel Goleman, der Experte auf dem Gebiet der emotionalen Intelligenz, ist der Überzeugung, dass Resilienz, Optimismus, Eigeninitiative, zielgerichtetes Engagement sowie das Verbesserungs- und Leistungsbedürfnis die Kernelemente der Selbstmotivation darstellen.[57] Allem Anschein nach gehört also mehr dazu, als dem Drang zu widerstehen, sich morgens die Bettdecke über den Kopf zu ziehen, wenn der Wecker klingelt, oder? Die gute Nachricht ist: Wenn Sie Ihre Selbstmotivation fördern, können Sie davon ausgehen, dass Sie auch Ihr Selbstvertrauen und Ihr Selbstwertgefühl stärken, ganz abgesehen davon, dass Sie Ihre Beziehung verbessern.

Fangen Sie damit an, gemeinsam mit Ihrem Partner oder Ihrer Partnerin an diesem Aspekt der emotionalen Intelligenz zu arbeiten. Tauschen Sie sich über die jeweiligen Ziele für Ihre Beziehung und für Ihr gemeinsames Leben aus, gewöhnen Sie sich an, Probleme als Lernchance zu betrachten, und versuchen Sie, eine positive Grundeinstellung zu bewahren. Das erfordert einiges an persönlichem Engagement, keine Frage, aber ich verspreche Ihnen, es lohnt sich – für beide.

Wenn beide unter Schmerzen leiden

Viele der beschriebenen Strategien in diesem Buch sind darauf zugeschnitten, dass nur Sie unter chronischen Schmerzen leiden. Vielleicht sind aber beide betroffen und zeitweilig auf Unterstützung angewiesen, müssen jedoch gleichzeitig Unterstützung leisten. Das kommt offenbar häufig vor, weil ich auf meiner Website oft gefragt werde, ob sich meine Tipps auch auf Paare übertragen lassen, die gleichermaßen mit anhaltenden Schmerzen welcher Art auch immer zu kämpfen haben.

Falls Sie sich diese Frage auch schon gestellt haben, möchte ich Ihnen versichern, dass alle Strategien in diesem Buch für beide relevant sind. Interessanterweise scheinen sich viele der hier beschriebenen Menschen über den Mangel an Mitgefühl und Geduld aufseiten ihres Partners oder ihrer Partnerin zu wundern. Oft sind sie regelrecht schockiert, dass ihnen ein Leidensgenosse, der ja mit den gleichen Problemen zu kämpfen hat, nicht mehr Verständnis entgegenbringt. Nur zur Erinnerung: Hier geht es zunächst einmal um Sie und Ihren Wunsch, Ihre Empathiefähigkeit zu stärken, und dieses Unterfangen beginnt damit, mehr Mitgefühl mit sich selbst zu entwickeln. Sie sind kein unfreundlicher Mensch, aber Ihre Kapazitäten sind begrenzt, und es ist zugegebenermaßen schwierig, Ihren liebsten Menschen zu unterstützen, wenn Sie selbst der Unterstützung bedürfen.

Mehr Unterstützung in einer Partnerschaft beginnt mit einem offenen Gespräch über die jeweiligen Bedürfnisse und Fähigkeiten, sich gegenseitig zu unterstützen. Sie müssen Ihre Karten auf den Tisch legen. Wenn Dienstleistungen erforderlich sind, die Sie nicht selbst erbringen können, dann sollten Sie gemeinsam überlegen – ohne Schuldzuweisungen –, wie Sie Ihr Leben anpassen oder mit wem Sie sich in Verbindung setzen könnten, um die entsprechende Hilfe zu beschaffen.

Emotionale Distanz

Leider gelingt es einigen Menschen nicht, uns auf unserem Weg durch das klippenreiche Gewässer der Schmerzen zu unterstützen. Jedes Mal, wenn ich meine Gesundheitsprobleme gegenüber einer bestimmten Freundin erwähne, habe ich das Gefühl, dass wir wie zwei magnetische Nordpole sind und sie emotional auf Abstand zu mir geht. Ich denke, sie ist sich dessen nicht einmal bewusst. Einige wissen einfach nicht, wie sie auf das Leid anderer reagieren sollen, und das kann auch in einer Paarbeziehung der Fall sein.

Falls Ihr Partner oder Ihre Partnerin nicht wissen, wie sie sich verhalten sollen, wenn Sie Schmerzen haben, können Sie Hinweise darauf geben, was Sie nach Ihrer Einschätzung konkret brauchen. Doch dazu müssen Sie sich erst einmal klarmachen, welche Bedürfnisse Sie wirklich haben. Viele Betroffene haben mir erzählt, dass sie sich vernachlässigt fühlen, aber wenn ich frage, was ihnen fehlt, heißt es vage »mehr Unterstützung«. Das ist generell zutreffend, aber in Ihrer Beziehung müssen Sie eine klare, bedürfnisbezogene Ansage machen. Was kann Ihr Partner oder Ihre Partnerin an diesem Tag für Sie tun, damit Sie sich liebevoll umsorgt fühlen? Nennen Sie am Anfang nur eine Hilfestellung, das reicht schon aus, um den Weg zu einer rundum erfüllenden Beziehung zu ebnen. Mit der Wahl eines Bereichs, an dem Sie gemeinsam arbeiten, geben Sie Ihrem Partner oder Ihrer Partnerin einen leisen Anstoß, einfühlsamer auf Ihren aktuellen Zustand und Ihre Schmerzen zu reagieren. Wenn Sie andere und bessere Optionen anregen, sollten Sie sich jedoch an die Schritte in diesem Kapitel erinnern, um sich entsprechend zu revanchieren.

Marie Forleo beendete ihr Buch *Everything is Figureoutable* mit der Empfehlung: »Wonach du dich auch sehnen magst, lass es anderen zuteilwerden.«[58] Wenn Sie also irgendwann das Gefühl haben, dass Ihnen etwas fehlt oder dass Sie etwas von Ihrem Partner oder Ihrer Partnerin brauchen, sollten Sie diesen Rat in Erwägung ziehen. Natürlich sollten wir nicht darauf spekulieren, dass sie Gleiches mit Gleichem vergelten, aber wir können uns vergewissern, dass Geben und Nehmen ausgewogen sind.

Lange Rede, kurzer Sinn

- *Tragen Sie dazu bei, Burn-out und Mitleidserschöpfung bei Ihrem Partner oder Ihrer Partnerin vorzubeugen, indem Sie Ihre Aufmerksamkeit auf die Herausforderungen richten, denen sie sich bei ihrer Unterstützung gegenübersehen.*
- *Nehmen Sie sich die Zeit, herauszufinden, welche Form der Unterstützung er oder sie braucht, und nehmen Sie, wenn nötig, Hilfe oder Dienstleitungen von außen in Anspruch.*
- *Arbeiten Sie gemeinsam daran, negative Gefühle zu identifizieren und in den Griff zu bekommen.*

- *Ermutigen Sie Ihren Partner, Ihre Partnerin, sich eine Auszeit zu nehmen, um den eigenen Interessen und Hobbys nachzugehen.*
- *Emotionale Intelligenz ist eine Fähigkeit, die Ihnen erlaubt, einander auch in schwierigen Zeiten zur Seite zu stehen.*

TEIL 4

SEXUALITÄT

15
Sex zählt

Es wäre verzeihlich, wenn Sie denken, Ihr Sexualleben sei unwichtig, weil sich Ihre Hausärztin oder Ihr Hausarzt im Rahmen der Behandlung nie danach erkundigt haben. Doch das ist ein Irrtum. Natürlich haben der Genesungsprozess und die Lösung der dringlichsten Probleme Vorrang, aber wenn Sie eine starke und erfüllte Beziehung anstreben und Sex schwierig für Sie ist, sollten Sie gemeinsam mit Ihrem Gesundheitsteam daran arbeiten, auch die körperliche Intimität wieder in Ihr Leben einzubringen. Vergessen Sie nicht, dass die psychische Gesundheit auf beiden Seiten ein unverkennbares Anzeichen für die Zufriedenheit in einer Beziehung ist, vor allem dann, wenn chronische Schmerzen im Spiel sind. Tatsächlich ist die sexuelle Intimität ein Schlüsselfaktor, der einiges über das emotionale Wohlbefinden eines Paares aussagt, und die sexuelle Gesundheit ist untrennbar mit der generellen Gesundheit und Lebensqualität verknüpft.[59]

Ich bin weder Sexualtherapeutin noch Ärztin, aber ich habe einmal gelesen, dass annähernd 40 Prozent derjenigen, die Schmerzen oder Probleme beim Sex haben, nicht mit ihrem Arzt oder ihrer Ärztin darüber sprechen. Und die übrigen 60 Prozent? Dreimal dürfen Sie raten: Mehr als die Hälfte hat festgestellt, dass die Gespräche nicht besonders hilfreich waren! Deshalb möchte ich die Gelegenheit nutzen, Ihnen einige Strategien mit auf den

Weg zu geben, die Ihr Liebesleben hoffentlich verbessern, sofern das in Ihrer Beziehung ein Thema ist. Es ist mir klar, dass die Chancen gering sind, in einer hausärztlichen Praxis die Unterstützung zu erhalten, die Sie brauchen.

Es gibt viele Gründe, warum Sex für uns schwierig sein kann. Dazu gehört unter anderem das offensichtliche Problem, dass sexuelle Aktivitäten schmerzhaft sein können. Oder der Schmerz- und Erschöpfungszustand, den wir täglich erleben, beeinträchtigt die sexuelle Erregung oder den Orgasmus – was auch passieren kann, wenn wir das Glück haben, ein Medikament zu finden, das uns Linderung verschafft, was aber Nebenwirkungen hat, die das sexuelle Begehren minimieren. Das sind nur einige der Kernprobleme in Zusammenhang mit permanenten Schmerzen und sexueller Intimität. Es gibt noch weitere schwerwiegende Gründe, die dazu führen, Sex möglichst auszuklammern, zum Beispiel Beziehungsprobleme und mangelndes Selbstwertgefühl.

Zahlreiche Forschungsergebnisse bestätigen, dass chronische Schmerzen das Sexleben von Paaren nachhaltig beeinträchtigen.[60] Eine Studie stellte fest, dass 73 Prozent der teilnehmenden stationären und ambulanten Schmerzpatienten und -patientinnen einer Klinik schmerzbedingte Schwierigkeiten mit sexuellen Aktivitäten hatten.[61] Mehr als 71 Prozent der Frauen mit rheumatoider Arthritis litten nach eigenen Angaben unter sexuellen Problemen in Zusammenhang mit sexuellem Verlangen, sexueller Erregung, Orgasmus und Befriedigung[62], und bei Männern mit einem chronischen Beckenschmerzsyndrom ließen das Interesse an Sex, sexueller Lust oder Fantasien, sexuellen Aktivitäten und die Libido sowie Erektionsfähigkeit erheblich nach.[63] Alle schmerzbedingten Probleme aufzuzählen und zu beschreiben, wie sie im Einzelnen zur Sexflaute beitragen, würde den Rahmen des Buches sprengen. Es steht außer Zweifel, dass sich Schmerzen negativ auf das Liebesleben eines Paares auswirken. Die Frage, auf die wir alle gern eine Antwort hätten, lautet: Wie lässt sich das Problem lösen? Ich meine, abgesehen von der anhaltenden Suche nach dem »Wundermittel«, das uns von den Schmerzen befreit.

Die drei Hauptprobleme beim Sex

Zuerst möchte ich, dass Sie sich eines klarmachen: Sie sind begehrenswert und verdienen ein leidenschaftliches Liebesleben. Stimmen Sie mir zu? Ungeachtet dessen, wie viel Unterstützung oder Geduld Sie beim Sex von Ihrem Partner oder Ihrer Partnerin benötigen und wie sehr die Schmerzen Ihnen auf physischer und psychischer Ebene zugesetzt haben, Sie haben es verdient, lustvolle sexuelle Intimität und Erfüllung zu erleben. Sie haben es verdient, diese innige Form der Verbundenheit zu pflegen und sexuelle Wertschätzung zu genießen, ungeachtet Ihrer Schmerzerkrankung.

Bevor wir dazu übergehen, die Probleme zu definieren und die Lösungsstrategien in den Blick zu nehmen, möchte ich darauf hinweisen, dass der Begriff Sex hier eine breit gefächerte Anzahl sexueller Aktivitäten umfasst und sich nicht ausschließlich auf den Geschlechtsverkehr (Penetration) bezieht. Ich hoffe, dass Sie sich mit dem Gedanken anfreunden können, das Wort »*Sex*« ebenfalls in diesem Sinne zu gebrauchen. Sind Sie bereit? (Ich weiß, Sie haben darauf gewartet, dass ich endlich zur Sache komme.)

Es gibt drei Hauptprobleme beim Sex in einer Paarbeziehung, die auf chronische Schmerzen zurückzuführen sind:

- verminderte Libido
- Schmerzen beim Sex
- das Gefühl der Nichtbetroffenen, nicht mehr begehrt oder geliebt zu werden

Hier einige der typischen Gedanken, die im Zusammenhang mit diesen drei Problemen entstehen:

Verminderte Libido

»An den meisten Tagen bin ich völlig erschöpft. Ich schaffe es kaum, unter die Dusche zu gehen. Sex ist keine Option.«

»Ich fühle mich unattraktiv. Durch meine Schmerzen und die Medikamente habe ich eine Menge zugenommen und ich schäme mich für meinen Körper. Ich denke dauernd, dass meine Frau mich nicht besonders anziehend finden kann … wie auch?«

»Ich habe ständig Angst und Schmerzen. Ich kann mich einfach nicht genug entspannen, um Sex zu genießen oder auch nur daran zu denken.«

Schmerzen beim Sex

»Ich habe noch nie Sex erlebt, der nicht schmerzhaft war. Bei mir wurde eine Endometriose festgestellt, eine krankhafte Wucherung der Gebärmutterschleimhaut, und die Lust beim Sex kann die Schmerzen, die ich dabei empfinde, nicht aufwiegen. Deshalb versuche ich so oft wie möglich, mich zu entziehen. Ich mache mir oft Sorgen, dass mein Partner die Initiative ergreifen könnte, und ich habe ein schlechtes Gewissen, weil wir so wenig Sex haben.«

»Ich bin hyperempfindlich, schon die leichteste Berührung meiner Haut tut mir weh. Sex ist eine Tortur für mich.«

»Mein Partner und ich hatten schon seit Jahren keinen Sex mehr, weil es zu schmerzhaft ist. Das empfinde ich als großen Verlust.«

Das Gefühl der Nichtbetroffenen, nicht mehr begehrt oder geliebt zu werden

»Mein Mann fragt mich oft, ob ich ihn noch liebe. Wenn ich wissen will, wie er auf die Idee kommt, sagt er, weil ich offenbar keine Lust mehr habe, mit ihm zu schlafen. Seit ich das neue Medikament einnehme, ist meine Libido gleich null.«

»Ich weiß, dass meine Partnerin bisweilen vergisst, dass ich Schmerzen habe. Wenn sie versucht, sexuell aktiv zu werden, sehe ich, dass sie sich zurückgewiesen fühlt, wenn ich sage, dass ich nicht kann.«

»Ich fühle mich einsam. Meine Frau hat eine Fibromyalgie, die sich durch chronische Schmerzen in verschiedenen Körperregionen äußert, und braucht viel Ruhe. Ich wünschte, sie würde auch mal an mich denken und mehr sexuelle Nähe zulassen. Ich weiß, dass sie erschöpft ist, deshalb versuche ich, es nicht persönlich zu nehmen.«

Denken Sie einmal über Ihre Kämpfe unter der Bettdecke nach (falls Sie in puncto Sex überhaupt so weit kommen). Würden Sie zustimmen, dass sich Ihre Intimitätsprobleme einer (oder mehreren) dieser drei Kategorien zuordnen lassen?

Sexuelle Funktionsfähigkeit

Bevor wir tiefer in diese Probleme eintauchen, müssen wir noch einen weiteren Begriff unter die Lupe nehmen, die *sexuelle Funktionsfähigkeit.* Sie ist durch einen *sexuellen Reaktionszyklus* gekennzeichnet, der aus vier Phasen besteht: Motivation oder sexuelles Verlangen (Libido), sexuelle Erregung, Orgasmus und Rückbildung (die Rückkehr des Körpers in den Normalzustand, in dem ein Gefühl der Befriedigung und wohligen Erschöpfung eintritt).[64] Studien belegen, dass Menschen mit chronischen Schmerzen sexuell weniger aktiv sind und größere sexuelle Schwierigkeiten in allen vier Phasen haben. Diejenige Phase zu ermitteln, mit der Sie zu kämpfen haben (vorausgesetzt, dass es in Ihrer Beziehung Intimitätsprobleme gibt), kann zu besseren Lösungsansätzen führen. Damit gelangen Sie auf die Schnellspur zu einem erfüllten Liebesleben und mehr Intimität.

Die Strategien, die in den folgenden Kapiteln für jedes der drei Probleme beschrieben werden, haben sich bewährt und helfen Ihnen dabei, die Herausforderung nicht nur zu bewältigen, sondern, wie ich zu behaupten wage, sogar mit Bravour zu meistern. Jeder Mensch hat ganz persönliche sexuelle Wünsche und Bedürfnisse, die vielleicht nicht Ihren eigenen entsprechen. Versuchen Sie trotzdem, offen für alle Optionen zu sein und diejenigen in Betracht zu ziehen, die Ihnen zusagen.

Lange Rede, kurzer Sinn

- *Sex ist ein wichtiger Teil des emotionalen Wohlbefindens.*
- *Chronische Schmerzen beeinträchtigen die sexuelle Funktionsfähigkeit.*

- *Bei chronischen Schmerzen leidet das Sexualleben erklärtermaßen unter drei Hauptproblemen: verminderte Libido, schmerzhafter Sex und das Gefühl der Nichtbetroffenen, nicht mehr begehrt und/oder nicht mehr geliebt zu werden.*
- *Es gibt Strategien, die dazu beitragen, sowohl die sexuelle Funktionsfähigkeit als auch die sexuelle Intimität und Nähe zu verbessern.*

16
Das Problem mit der Libido

»Was mache ich nur falsch?«, flüsterte Kaitlyn und rückte näher, offenbar hatte sie Angst, die Bedienung könnte uns hören, die gerade an unserem Tisch vorbeiging. Ich wusste, dass sie das Thema Sex anschneiden wollte. Genau deshalb hatten wir uns ja getroffen.

»Ich habe Mark versprochen, dass ich mich bemühen werde, das Problem mit meinem mangelnden Interesse in den Griff zu bekommen. Doch das ist Monate her und ich habe immer noch keine Lust auf Sex. Nicht das geringste Bedürfnis. Er ist geduldig, aber so geht es nicht weiter, stimmt's?«

Kaitlyn ist eine meiner Freundinnen. Sie ist beruflich voll eingespannt, leitet mehrere Unternehmen, leidet unter chronischen Schmerzen und hat *trotz* aller Belastungen noch nie eine Spielverabredung unserer Söhne abgesagt. Wenn Sie sich in einer ähnlichen Situation befinden, ist dieses Kapitel auf Sie zugeschnitten.

Keine Lust auf Sex

In Ihrem Buch *Where Did My Libido Go?* erklärt die Sexualexpertin Dr. Rosie King, dass wir uns je nach Lebensphase in einer der folgenden vier »Libido-Zonen« befinden: in der aktiven, passiven, neutralen oder desinteressierten Zone. In der aktiven Zone, üblicherweise zu Beginn einer Beziehung (vor allem dann, wenn Schmerzen kein Thema sind), denken wir oft an Sex und nutzen jede Chance, sexuelle Intimität zu genießen. In der passiven Zone sind wir imstande, sexuelle Erregung zu empfinden, haben aber kein Bedürfnis, die sexuelle Initiative zu ergreifen. In der neutralen Phase herrscht der Gedanke vor: »Na gut, wenn du meinst.« Und wenn wir nie an Sex denken oder uns verweigern, sind wir eindeutig in der Phase angelangt, in der das Desinteresse überwiegt.[65]

Die Sexualforscherin Emily Nagoski stellte in ihrem Buch *Komm, wie du willst* ein Konzept vor, das zeigt, was passiert, wenn wir mit mangelnder sexueller Lust zu kämpfen haben und wie wir eine Libido-Zone erreichen, die eher unseren Vorstellungen entspricht. Sie veranschaulicht die »wahre Geschichte« der Sexualität: Wir haben alle einen sexuellen Reaktionsmechanismus im Gehirn, der aus einem sexuellen Beschleunigungs- und einem sexuellen Bremssystem besteht. Der sexuelle Beschleuniger ist darauf gepolt, ständig nach sexuell relevanten Reizen Ausschau zu halten, damit er die Botschaft »Reagieren!« an die Teile des Körpers übermitteln kann, die in den Prozess des Begehrens und der sexuellen Erregung einbezogen sind. Die sexuelle Bremse wird in Gang gesetzt, wenn wir uns unsicher fühlen oder einen Grund haben (zum Beispiel Schmerzen), nicht auf einen Reiz zu reagieren.[66] Die Fähigkeit, sexuelle Erregung zu verspüren, hängt in erster Linie von der individuellen Beschaffenheit unseres Brems- und Beschleunigungssystems und von den Reizen ab, die ihm präsentiert werden. Die Fähigkeit, sexuelles Begehren zu verspüren, ist ebenfalls an die jeweilige Situation und unseren Bewusstseins- oder Gemütszustand (unseren Kontext) gebunden.

In einer Paarbeziehung ist es wichtig, dass beide das Konzept verstehen. Oft glauben von Schmerzen Betroffene, die ihr Liebesleben wieder in Schwung bringen möchten, sie müssten ein Heilmittel für ihren Mangel an sexuellem Verlangen finden. Doch das Problem hat weniger mit dem Beschleuniger (dem Interesse) als vielmehr mit dem *Bremsmechanismus* zu tun. Bei Schmerzen tritt das Gehirn auf die Bremse, wenn es um sexuelle Stimuli geht, um die Aufmerksamkeit auf eine Angelegenheit von vordringlicher Bedeutung zu richten: das Überleben. Wie bereits gesagt, ist der Schmerz ein Warnzeichen, das auf eine Bedrohung hinweist, gleich ob vermeintlich oder real. Und ich kann Ihnen versichern, dass Ihr Gehirn nie auf die Idee käme, der sexuellen Intimität eine Vorrangstellung einzuräumen, wenn das Überleben auf dem Spiel steht. Sex ist Situationen vorbehalten, in denen wir uns sicher fühlen.

Als ich Kaitlyn die Zusammenhänge erklärt hatte, lehnte sie sich zurück und seufzte erleichtert. Dann fragte sie sich laut, was den Bremsmechanismus ausgelöst haben mochte, und ich schätze, die Antwort dürfte auch Sie interessieren.

Blockaden für das sexuelle Begehren

Schmerzerwartung, Erschöpfung, Stress, emotionaler Schmerz, hormonelle Veränderungen, mangelndes Selbstwertgefühl und Beziehungsprobleme gehören zu den Faktoren, die Sie als Ursache in Betracht ziehen sollten, wenn Sie der Libidobremse auf den Grund gehen. Zwei der genannten Einflussfaktoren spielen hier eine besonders große Rolle: Erschöpfung und Stress.

Erschöpfung

Erschöpfung ist Berichten der Betroffenen zufolge der häufigste Grund für zu wenig Libido und einer der schwierigsten Aspekte des Lebens mit fortwährenden Schmerzen.[67] Erschöpfung ist darüber hinaus eines der nachgewiesenen Symptome einer Depression und ein weiteres, weitverbreitetes Symptom bei chronischen Schmerzerkrankungen. Haben Sie sich einmal gefragt, ob Sie *jemals* wieder genug Energie für sexuelle Aktivitäten aufbringen werden, oder versucht, Sex einzuplanen, nur um festzustellen, dass Sie völlig ausgelaugt sind, wenn der Zeitpunkt gekommen ist? Vielleicht hilft es Ihnen, zu wissen, dass Sie nicht allein mit diesem Problem zu kämpfen haben.

Der permanente Zustand der Hyperwachsamkeit, in der sich unser Körper befindet, ist kräftezehrend. Ja, es kann aufreibend sein, in einem Köper zu leben, der unsere Gemütslage andauernd zu stabilisieren versucht und uns zu Aktivitäten antreibt, die schwierig für uns sind. Wir sollten nicht unterschätzen, in welchem Maß sich die Erschöpfung auf die Fähigkeit auswirkt, sexuelle Lust zu empfinden.

Stress

Das gilt auch für die Auswirkungen von Stress auf die Libido. Als ich das Wort *Stress* erwähnte, sah Kaitlyn mich schuldbewusst an. Stresshormone wie das Cortisol sind ein Feind aller Liebenden. Wenn ein Stressfaktor, zum Beispiel ein bestimmtes Ereignis oder der aktuelle Gesundheitszustand, das körpereigene Alarmsystem in Gang setzt und Stress verursacht, erhöhen sich Herzfrequenz und Blutdruck. Die Hormone Cortisol und Adrenalin fluten den Körper, und der Blutstrom wird zur Muskulatur umgeleitet, um uns auf der Flucht vor der Bedrohung zu unterstützen. Für die meisten Menschen gibt es in diesem Stresszyklus nichts, was zu sexuellen Intimitäten anregen könnte. Die »meisten« bedeutet, dass der Sexualtrieb einiger Menschen gesteigert wird, wenn sie unter Stress stehen.

Es gibt viele Stressfaktoren in unserem Leben, die wir nicht aushebeln können. Einer der größten ist für Sie vermutlich die permanente Schmerzerfahrung. Aber die Belastungen, die Beruf, Kinder, die finanzielle Lage, die Spannungen in der Beziehung oder unerwartete negative Ereignisse mit sich bringen, können ebenfalls eine Rolle spielen. Ungeachtet dessen, ob Sie in der Lage sind, die äußeren Stressfaktoren zu beseitigen, sollten Sie überlegen, wie Sie den Stress abbauen können, der sich in Ihrem Körper festsetzt, um wieder ideale Bedingungen für sexuelle Intimitäten zu schaffen. Es gilt also, dem inneren Stresszyklus ein Ende zu setzen, wie Emily und Amelia Nagoski in ihrem Buch *Burnout* erklären.[68] Angenommen, wir würden im Wald einem Bären begegnen und die Flucht antreten – die Stresshormone, die dabei ausgeschüttet werden, dienen als Beschleuniger und ermöglichen uns, die Bedrohung zu überleben. Sobald der Körper wahrnimmt, dass wir uns in Sicherheit befinden, werden wir von Glückshormonen (»Ich habe es geschafft«) überflutet, die den Stresszyklus beenden. Emily und Amelia Nagoski beschreiben, was passiert, wenn wir unter chronischem Stress leiden, den wir nicht auflösen: Wir bleiben im Stressreaktionsmodus stecken, weil die Stress auslösende Situation weiterbesteht. Wenn wir in unserer modernen Welt fortwährend unter Stress stehen, haben wir keine Chance, zu einem »Gefühl der Sicherheit« zurückzukehren und die Glückshormone wahrzunehmen, die uns wieder in einen Gleichgewichtszustand versetzen.

Wenn Sie die Libido also steigern wollen, sollten Sie die Stressfaktoren in Ihrem Leben abbauen. Und noch wichtiger ist, sich von den Stresshormonen in Ihrem Körper zu befreien. Beginnen Sie damit, mehr körperliche Bewegung einzuplanen, fügen

Sie eine Achtsamkeitsmeditation hinzu, probieren Sie verschiedene kreative Aktivitäten aus, vergewissern Sie sich, dass Sie genug Schlaf bekommen, und – das Beste von allem – räumen Sie Nähe und Intimität in Ihrer Beziehung einen höheren Stellenwert ein. Nichts stärkt das Sicherheitsgefühl mehr, als von dem Menschen umarmt zu werden, den Sie lieben.

Haben Sie jetzt beschlossen, sich auf die Stärkung der Libido zu konzentrieren? Ist ein erfülltes Liebesleben das Ziel, das Sie anstreben, sexuelle Befriedigung eingeschlossen? Dann machen Sie sich bitte bewusst, inwieweit Sie bereit sind, sich vollumfänglich für diesen Prozess einzusetzen. Warum? Weil Ihr Leben widerspiegelt, was derzeit für Sie an erster Stelle steht, und sich hier etwas ändern muss.

Ordnen Sie der Sexualität eine höhere Priorität zu

Fangen Sie damit an, einen Blick auf die Aktivitäten zu werfen, die Sie aktuell bewältigen müssen. Was steht aktuell ganz oben auf Ihrer To-do-Liste? Das sind Aktivitäten, denen Sie den Vorrang vor anderen Aufgaben und Zielen einräumen. Wir treffen jeden Tag Entscheidungen, für die wir unsere äußerst begrenzte Energie einsetzen. Wir entscheiden, was wir in unserem Leben verbessern wollen.

Wenn Sie das Gefühl haben, der Mangel an Energie und sexuellen Bedürfnissen sei ein Problem, müsste Ihre Reise damit beginnen, der sexuellen Intimität höhere Priorität einzuräumen. Auf der praktischen Ebene heißt das, Sie führen mit Ihrem Partner oder Ihrer Partnerin ein offenes Gespräch über die jeweiligen Bedürfnisse und die Veränderungen, die vorgenommen werden könnten, um ein erfüllendes Sexleben auf den Weg zu bringen.

Gehen Sie nicht davon aus, dass es dabei vor Erotik nur so knistert. Das können Sie erst bei der praktischen Umsetzung der Ergebnisse erwarten. Erst die Arbeit, dann das Vergnügen.

Erkunden Sie gemeinsam, wie häufig Sie im Idealfall Sex haben möchten. Denken Sie aber daran, dass Sie in dieser Hinsicht selten zu einer Einigung gelangen, ohne Kompromisse zu schließen. Sprechen Sie über den besten Tag und die beste Zeit für Sex, wobei Sie Ihr Energieniveau im Verlauf des Tages, die typischen Schmerzmuster, die Medikamente und die laufenden Behandlungen berücksichtigen sollten. Und vergessen Sie nicht, für Sex gibt es keine richtige oder falsche Zeit.

Da Sie nun wissen, was es mit dem sexuellen Reaktionsmechanismus auf sich hat, sollten Sie überlegen, ob es in Ihrem Terminkalender oder Tagesablauf irgendwelche Aktivitäten gibt, die zusätzlich zu Schmerzen, Erschöpfung oder Stress beitragen und aufgeschoben werden könnten, um dem Sex eine Vorrangstellung einzuräumen.

Das Gute an dem Gespräch über die Lösung des Libidoproblems ist, dass Sie Ihrem Partner oder Ihrer Partnerin damit zeigen, dass er oder sie geliebt und wertgeschätzt wird. Sie stellen klar, dass Sex einen hohen Stellenwert in Ihrem Leben einnimmt und Sie alles tun werden, um mit Ihrem liebsten Menschen trotz der widrigen Umstände mehr Nähe und Intimität zu genießen. *Das* ist doch mal ein Angebot, das antörnt!

Pflegen Sie die Sinnlichkeit

Bisher haben wir uns mit Möglichkeiten beschäftigt, die Bremse zu lösen. Nun gehen wir der Frage nach, wie wir unsere Empfänglichkeit für sexuelle Reize erhöhen und dem sexuellen Begehren auf die Sprünge helfen können. Als Erstes müssen wir an unseren Sinnesempfindungen arbeiten, um Sinnlichkeit in ihrer ursprünglichen Bedeutung zu erfahren, wo sie sich nicht auf die Erotik beschränkt.

Sinnlichkeit ist die Fähigkeit, unsere Sinnesempfindungen uneingeschränkt wahrzunehmen und zu genießen – die Reize und Eindrücke, die uns Tastsinn, Geruchssinn, Geschmackssinn, Gesichtssinn und Gehörsinn übermitteln. Sie alle können dazu beitragen, das sexuelle Begehren anzuregen. Aufgrund der Erkrankung sind wir oft auf der Hut und vermeiden nach Möglichkeit alles, was die Schmerzen verschlimmern könnte. Die Aufmerksamkeit, die wir Dingen widmen, die uns kein gutes Gefühl verleihen, und die Fokussierung auf die negativen Erfahrungen können die Wahrnehmung positiver Erfahrungen trüben. Sich bewusst vor Augen zu führen, was gute Gefühle bei Ihnen auslöst, ist nicht wichtig fürs Überleben, wohl aber für Ihre Beziehung. Es ist auch wichtig für Ihr Selbstwertgefühl und ein wesentlicher Schritt auf der Reise zur Steigerung der Libido.

Um das Potenzial der Sinnlichkeit voll auszuschöpfen, sollten Sie umgehend damit beginnen, die angenehmen Eindrücke, die Ihnen Gehörsinn, Gesichtssinn, Tastsinn und Geruchssinn übermitteln, intensiver wahrzunehmen. Richten Sie Ihre Aufmerksamkeit auf Dinge, die gute Gefühle bei Ihnen hervorrufen, und notieren Sie alles, was Freude, Frieden, gespannte Erwartung, Selbstermächtigung und vor allem Lust auf Sex mit sich bringt. Ja, ganz richtig, schreiben Sie eine Liste! Wenn es Ihnen lieber ist, können Sie Ihre Gedanken auch einem kleinen schwarzen Notizbuch anvertrauen. Wenn ein bestimmter Song Sehnsucht nach Sex und den Wunsch in Ihnen weckt, die Initiative zu ergreifen, speichern Sie ihn in Ihrer Playliste, sodass Sie ihn beliebig oft anhören können. Wenn Sie ein Outfit haben, in dem Sie sich besonders sexy fühlen, ziehen Sie es an oder stellen Sie sich bildlich vor, wie Sie darin aussehen. Gibt es vielleicht einen bestimmten Duft, der Sie entspannt oder an positive Erlebnisse erinnert? Verwenden Sie ihn in Ihrem Schlafzimmer. Beginnen Sie damit, Ihre Aufmerksamkeit auf Dinge zu richten, die Ihr Gehirn als wohltuend und sexuell stimulierend deutet, sodass Sie, wenn der Zeitpunkt kommt, die idealen Bedingungen für Sex und sexuelle Befriedigung schaffen können.

Halten Sie nach guten, anregenden Erfahrungen Ausschau, fokussieren Sie sich darauf, nehmen Sie die damit verbundenen Sinnesempfindungen vollumfänglich wahr und arbeiten Sie daran, Ihre positiven Erfahrungen zu wiederholen!

Der Duft von Zitronengras war der erste Eintrag auf meiner Sinnlichkeitsliste, die ich schon vor vielen Jahren anlegte. Er war in den balinesischen Wellness-Oasen vorherrschend und löst bei mir noch heute auf Anhieb ein Gefühl der Entspannung und des tiefen inneren Friedens aus – er erinnert mich an die wunderbaren Massagen, die Johann und ich bei unserem alljährlichen Urlaub auf Bali genossen haben. Wenn ich diesen Duft tief einatme, verbessert sich mein mentaler Zustand im Handumdrehen.

Wenn Sie sich auf die Dinge fokussieren, die gute Gefühle bei Ihnen auslösen und Ihnen einen festen Platz in Ihrem Leben verschaffen, haben Sie ein Fundament, auf dem Sie Ihre sexuelle Energie aufbauen können. Und damit mehren sich die Chancen, die sexuelle List zu steigern.

Morgenroutine

Ihre Morgenroutine kann ebenfalls eine Rolle in Ihrem Plan spielen, sich auf die sexuelle Intimität vorzubereiten. Dieser Zeitpunkt ist ideal, um optimale Bedingungen zu schaffen. Ich ermutige Sie, jeden Morgen aufzustehen und sich für den Tag zurechtzumachen, selbst wenn Sie sich einen Ruhetag im Bett verordnet haben.

Sie werden sich den ganzen Tag und bei allen Interaktionen mit Ihrem Partner oder Ihrer Partnerin selbstsicherer fühlen, wenn Sie in Ihre Körperpflege investiert haben. Ich weiß, was Erschöpfung ist, und kenne den mentalen Tauschhandel, der stattfindet, wenn die Energie begrenzt ist. Auch wenn Sie es nur schaffen, die Kleidung zu wechseln und die Zähne zu putzen, sollte das auf Ihrer To-do-Liste an erster Stelle stehen (ich weiß, dass es an manchen Tagen ein Kraftakt sein kann).

Achten Sie bei Ihrer Morgenroutine besonders auf die erste Kleidungsschicht, die Sie auswählen – ja, damit ist die Unterwäsche gemeint. Sie haben jetzt die Aufgabe, herauszufinden, was Ihnen guttut, und es ist verblüffend, was für einen Unterschied die Dessous für Ihr sexuelles Selbstvertrauen bewirken können.

Was die zweite Schicht betrifft, so haben Studien gezeigt, dass die Kleidung nicht nur beeinflusst, wie andere uns wahrnehmen, sondern auch die Selbstwahrnehmung verändert.[69] Es besteht ein direkter Zusammenhang zwischen Kleidung und Selbstwertgefühl. Meistens ziehen wir das an, wonach uns gerade zumute ist, aber wenn Sie in Ihrer Beziehung und in Ihrem Leben neue Wege gehen wollen, sind Sie gut beraten, Ihre Kleidung auf die Gefühle abzustimmen, die Sie *herbeiführen möchten.*

Als dieser Punkt bei meinem Treffen mit Kaitlyn zur Sprache kam, holte sie ihr Tagebuch heraus und ergänzte ihre To-do-Liste mit dem unübersehbaren Eintrag: »Sexy Dessous kaufen«. Danach sorgte ich mit meinem letzten Tipp für Ermutigung, die alle Betroffenen brauchen können.

Sexuelles Selbstvertrauen

Wir leben in einer Gesellschaft, die Jugend, Schönheit und Gesundheit auf ungute Weise in den Mittelpunkt der öffentlichen Aufmerksamkeit rückt. Kein Wunder also, dass angesichts des vorherrschenden Körperkults der Mangel an Selbstvertrauen auf sexuellem Gebiet ein weitverbreitetes Problem ist. Bei Menschen mit chronischen Schmerzen verkompliziert das die Situation. Unser Gesundheitszustand oder die Medikamente haben unter Umständen eine beträchtliche Gewichtszunahme oder -abnahme zur Folge, und operative Eingriffe hinterlassen oft Narben, die Unsicherheitsgefühlen Vorschub leisten. Gesundheitsprobleme können zu Bewegungseinschränkungen führen, uns zu der Überzeugung veranlassen, eine Last zu sein, oder eine Stoma-Versorgung erfordern, um bestimmte Körperfunktionen zu erhalten (zum Beispiel die operative zeitweilige oder dauerhafte Anlage eines künstlichen Darm- oder Magenausgangs). Ein schlechter psychischer Gesundheitszustand, der bei Schmerzpatientinnen und -patienten bekanntermaßen weit verbreitet ist, wirkt sich nachweislich auch auf das Selbstwertgefühl aus. Wenn Sie feststellen, dass Sie sexuelle Intimitäten scheuen, weil Ihr Selbstwertgefühl zu wünschen übrig lässt oder Sie sich nicht begehrenswert fühlen, sollten Sie sich vor Augen halten, dass die Lösung des Problems allein bei Ihnen liegt. Die Aufgabe, ein positives Selbst- und Körperbild zu entwickeln, kann Ihnen niemand abnehmen, nicht einmal Ihr liebster Mensch. Es gilt also, Ihr sexuelles Selbstvertrauen zu stärken, und dabei hilft Ihnen eine einfache Selbstliebe-Strategie: Sammeln Sie Pluspunkte, indem Sie nach körperlichen Merkmalen Ausschau halten, die Ihnen gefallen.

Schmerzen können dazu führen, dass wir unseren Körper als Feind betrachten, als miesen Verräter, der uns im Stich lässt. Aber mit Sicherheit gibt es einige Aspekte unseres Körpers, die schön, attraktiv und stark sind. Nehmen Sie Stift und Papier zur Hand und listen Sie Ihre drei Top-Merkmale auf. Im Anschluss denken Sie darüber nach, wie Sie diese optisch hervorheben können. Lernen Sie, sich selbst wertzuschätzen: So wie Sie sind, sind Sie richtig, begehrenswert und liebenswert. Und, was noch wichtiger ist, Sie sind in der Lage, das leidenschaftliche Begehren und die sexuelle Lust zu empfinden, die Sie verdienen.

Lange Rede, kurzer Sinn

- *Es gibt vier »Zonen des sexuellen Begehrens«, die sich im Verlauf des Lebens verändern: die aktive, passive, neutrale und desinteressierte Zone.*
- *Der menschliche Körper ist mit einem »eingebauten« sexuellen Reaktionsmechanismus ausgestattet. Überlegen Sie, welche Aktivitäten Ihr sexuelles Verlangen ausbremsen.*
- *Es gibt zwei Schlüsselstrategien zur Steigerung der Libido: Sex hohe Priorität einräumen und die Sinnlichkeit pflegen.*
- *Ihre Kleidung kann das sexuelle Selbstvertrauen erheblich stärken und das sexuelle Begehren auf beiden Seiten steigern.*
- *Listen Sie Ihre bevorzugten physischen Merkmale auf und heben Sie sie optisch hervor.*

17
Wenn Sex schmerzhaft ist

Schmerzen beim Geschlechtsverkehr kommen tatsächlich so oft vor, dass es eine medizinische Bezeichnung dafür gibt: Dyspareunie. Sie können ein Gefühl der Hilf- und Hoffnungslosigkeit hinterlassen. Vor allem, wenn Sie das Thema bei Ihrer letzten gynäkologischen Untersuchung angesprochen und erfahren haben, dass man nichts dagegen tun kann, weil »alles in Ordnung zu sein scheint, wir das Ganze aber weiterhin beobachten sollten«.

Das reicht nicht aus. Es gibt Ärztinnen und Ärzte in unserer Community, die verstehen, wie wichtig es ist, dieses Problem zu lösen. Sie haben begriffen, dass sexuelle Aktivität und Lust eine bedeutende Rolle in einer Beziehung spielen und Schmerzen beim Geschlechtsverkehr so gravierend sind, dass sie in die *Internationale Klassifikation der Funktionsfähigkeit, Behinderung und Gesundheit der Weltgesundheitsorganisation (WHO)* aufgenommen wurden.[70]

Das »Tabuthema« zur Sprache bringen

Ich erinnere mich an eine Rheumatologin, die mir im Rahmen des Erstberatungsgesprächs Fragen zu meinem Sexualleben stellte. Das ist schon ein paar Jahre her, aber es war das erste Mal, dass jemand aus meinem Gesundheitsteam das Thema anschnitt. Damals war ich erstaunt, dass sie der sexuellen Gesundheit bei der Erfassung meiner medizinischen Vorgeschichte so viel Zeit widmete, und als ich eine entsprechende Bemerkung machte, erklärte sie mir, dass der Schlüssel ihres Behandlungserfolgs ein ganzheitlicher Schmerzmanagement-Ansatz sei.

Wenn Sie unter einer Dyspareunie leiden, ermutige ich Sie, sich eine Ärztin oder einen Arzt zu suchen, die Ihr Intimleben genauso ernst nehmen wie meine Rheumaspezialistin. Wenn das Thema bei Ihrer Allgemeinärztin oder Ihrem Hausarzt bisher nicht erwähnt wurde, schneiden Sie es bitte beherzt an, ohne Hemmungen. Hier einige Tipps, wie Sie dabei vorgehen können.

Erkundigen Sie sich zuerst nach ihren Erfahrungen auf diesem Gebiet. Können sie Ihnen Ratschläge geben oder wäre eine Überweisung an Fachärztinnen oder Fachärzte sinnvoller? Um Ihre Fragen beantworten zu können, werden einige Informationen benötigt, über die Sie sich schon vorab Gedanken machen sollten:

- Wann treten die Schmerzen auf?
- Wann haben sich die Schmerzen zum ersten Mal bemerkbar gemacht?
- Wie würden Sie die Schmerzen beschreiben?
- Treten die Schmerzen jedes Mal auf, wenn Sie Geschlechtsverkehr haben?
- Was haben Sie bisher gegen die Schmerzen unternommen?

Möglicherweise werden auch Fragen zu Ängsten erfolgen, die in Zusammenhang mit sexuellen Aktivitäten stehen könnten, denn Angst wirkt sich bekanntermaßen auf die sexuelle Erregung aus und verschlimmert die Schmerzen beim Geschlechtsverkehr.

Angst als Schmerzauslöser beim Sex

Die meiste Zeit verbringen wir damit, unseren Weg durchs Leben so zu steuern, dass wir so wenig Schmerzen wie möglich empfinden. Wenn Sie also Schmerzen vor, während oder nach dem Geschlechtsverkehr haben, ist es nachvollziehbar, dass Sie das Interesse daran verlieren oder generell Angst vor sexuellen Aktivitäten haben und sie nach Möglichkeit vermeiden. Leider kann Angst in Verbindung mit Sex einen Teufelskreis in Gang setzen: Die Angst wirkt sich nicht nur negativ auf die Libido und die sexuelle Erregung aus, sondern erhöht auch die Wahrscheinlichkeit, dass die gefürchteten Beschwerden und Schmerzen tatsächlich auftreten.

Wenn das Ihre Erfahrungen beschreibt, können Sie aufatmen: Es gibt Möglichkeiten, diesen Teufelskreis zu durchbrechen (hurra!). Dazu gehört unter anderem, sich klarzumachen, wann Sie über negative sexuelle Erfahrungen nachgrübeln. Ich weiß, dass ich mich wiederhole, aber es ist in Wirklichkeit eine wunderbare Sache, dass der menschliche Körper die negativen Erfahrungen, die im Gedächtnis gespeichert sind, immer wieder aufgreift, um uns künftig vor ähnlichen Kümmernissen zu schützen. Es ist jedoch problematisch, dass dieser Schutzmechanismus zur Folge hat, dass die positiven sexuellen Erfahrungen ins Hintertreffen geraten. Für das Überleben ist es nicht wichtig, dass wir uns an besonders romantische, sinnliche oder erotische Momente erinnern. Wenn Sie also Ihre Angst in Verbindung mit Sex überwinden und der sexuellen Intimität in Ihrer Beziehung wieder mehr Raum geben wollen, ist es unabdingbar, Ihre positiven sexuellen Erfahrungen Revue passieren zu lassen. Und das kann man trainieren. Fangen wir an?

Rufen Sie sich fünf positive sexuelle Erfahrungen mit Ihrem Partner oder Ihrer Partnerin ins Gedächtnis zurück. Legen Sie das Buch aus der Hand und denken Sie eine Weile darüber nach. Wenn Sie es nicht auf fünf bringen, ist das völlig okay. Versuchen Sie, sich auch an kleine, unspektakuläre Momente der Intimität zu erinnern, die Sie genossen haben, statt sich den Kopf über den genauen Ablauf der sexuellen Aktivitäten zu zerbrechen. Vielleicht gibt es ja einen besonders erinnerungswürdigen Kuss, eine Berührung oder Worte, die Ihnen vor, während oder nach dem Sex gefallen und sich in Ihrem Gedächtnis verankert haben?

Ziel dieser Übung ist, die Erinnerung an die positiven statt schmerzhaften sexuellen Begegnungen zu einer Gewohnheit zu machen. Beginnen Sie daher bewusst, sich diese lustvollen Momente mindestens ein paarmal pro Woche mit so vielen Einzelheiten wie möglich bildlich vorzustellen.

Visualisierung

Wenn Sie das wirkmächtige Instrument der Visualisierung noch nicht kennen, kein Problem. Hier einige einfache Schritte zur Einführung:

1. Nehmen Sie eine Sitz- oder Liegeposition ein, die bequem ist und so wenig Muskelkraft wie möglich erfordert. Richten Sie die Aufmerksamkeit auf Ihre Atmung. Versuchen Sie, jeden Ausatemzug ein wenig zu verlängern, bis Sie spüren, dass Sie innerlich zur Ruhe kommen und kein Teil Ihres Körpers mehr unter Anspannung steht.
2. Entscheiden Sie sich für eine besonders schöne intime Erinnerung. Lassen Sie diesen Moment mit so vielen Einzelheiten wie möglich vor Ihrem inneren Auge Revue passieren. Sex ist eine Erfahrung, die alle Sinneswahrnehmungen einbezieht. Versuchen Sie also, sich Ihre positiven Erinnerungen im Kontext, das heißt, in Kombination mit Bildern, Gerüchen, Geräuschen, Ge-

schmacksempfindungen und/oder Texturen ins Gedächtnis zurückzurufen. Sobald Sie diese Erfahrung in allen Einzelheiten visualisiert haben, gehen Sie zur nächsten positiven sexuellen Begegnung über, an die Sie sich erinnern können.

3. Sammeln Sie im Lauf der Zeit weitere positive sexuelle Erinnerungen und nehmen Sie sich Zeit für die Visualisierung. Am Anfang fällt Ihnen vielleicht nichts dazu ein. Das ist okay. In diesem Fall bitten Sie Ihren Partner oder Ihre Partnerin, die von ihnen bevorzugten sexuellen Aktivitäten mit Ihnen zu schildern, was den Appetit auf beiden Seiten ein wenig anregen dürfte. Ich hoffe, dass es in einer der Geschichten einen Moment gibt, den Sie beide als lustvoll empfunden haben und auf dem Sie aufbauen können.
4. Wenn Sie sich angewöhnt haben, den Gedanken an Sex mit Ihren positiven Erinnerungen zu verknüpfen, schwindet die Angst. Doch das bedeutet nicht zwangsläufig, dass die Schmerzen beim Geschlechtsverkehr der Vergangenheit angehören. Irgendwann kommt vielleicht der Zeitpunkt, an dem Sie etwas an den sexuellen Praktiken mit Ihrem Partner oder Ihrer Partnerin ändern und den Mythos widerlegen müssen, dass Sex mit Penetration gleichzusetzen ist.

Sex muss nicht Geschlechtsverkehr sein

Wie bereits erwähnt, muss Sex nicht mit Penetration verbunden sein oder darauf abzielen. Es gibt zahlreiche zutiefst intime Aktivitäten, auf die Sie zurückgreifen können, um körperliche Nähe auch ohne Geschlechtsverkehr lustvoll zu genießen. Jane Ussher von der Western Sidney University und ihr Team fanden heraus, dass sich Paare, die aufgrund einer Krebserkrankung Schwierigkeiten mit dem Geschlechtsverkehr hatten und ihre sexuellen Aktivitäten neu verhandelten, alternative sexuelle Praktiken zu eigen machten, die Erinnerungen an die Teenagerzeit wachriefen. Sie riefen einen Erregungszustand hervor, der ohne Geschlechtsverkehr auskam und länger andauerte als sexuelle Aktivitäten, die auf einer Penetration basierten.[71]

Bei meinem ersten Gespräch mit der Rheumatologin, die sich nach meiner Sexualität erkundigte, war ich überrascht, als sie mir den Kauf eines externen Vibrators in unserem Sexshop vor Ort empfahl. Sie erklärte nachdrücklich, dass der Gebrauch von Sexspielzeug vielen Paaren geholfen hat, ihr Liebesleben zu verbessern, weil die Partnerin oder der Partner mit chronischen Schmerzen sexuell stimuliert werden und dabei trotz der Schmerzen Lust empfinden. Laut Studien, die sich mit dem Zusammenhang zwischen Schmerzen und Sex befasst haben, tritt die Wirkung bei Frauen beinahe auf der Stelle ein.[72] Plötzlich wurde mir klar, warum die ältere Patientin, die vor mir an der Reihe gewesen war, das Besprechungszimmer der Ärztin mit einem verstohlenen Lächeln verlassen hatte.

Auch in dem Buch *When Sex Hurts. A Woman's guide to banishing sexual pain* von Andrew Goldstein und Caroline Pukall heißt es, dass Sex mehr ist als Geschlechtsverkehr … nämlich »das, was man daraus macht.«[73] Alles klar? Das trifft auch auf Sie zu.

Wenn Sie mit Ihrem Gesundheitsteam Lösungsmöglichkeiten in Erwägung gezogen haben und der Geschlechtsverkehr immer noch zu schmerzhaft für Sie ist, müssen Sie sich unter Umständen von dem Gedanken verabschieden, Sex mit Penetration gleichzusetzen. Ich weiß, das ist leichter gesagt als getan in einer Gesellschaft, für die »penetrativer Sex« das Maß aller Dinge ist. Doch wenn Schmerzen zur Flaute im Bett führen und Sie hoffen, neuen Schwung in Ihr Liebesleben zu bringen, warum nicht andere Optionen ausprobieren?

Bei meinen Recherchen wurde ich vor allem durch Geschichten von Leuten mit Wirbelsäulenverletzungen inspiriert, die trotz der Lähmung vom Hals abwärts ein erfüllendes Sexleben hatten.[74] Kaum zu glauben, aber wahr! Ich gebe zu, in einer Gesellschaft, in der die Überzeugung vorherrscht, unser wichtigstes Sexualorgan befände sich »da unten«, kann das eine echte Herausforderung sein. Deshalb möchte ich Sie ermutigen, offen für neue Möglichkeiten zu sein, Ihre Sinnlichkeit aus dem Dornröschenschlaf zu wecken, über den Tellerrand der traditionellen Ansichten über Sex hinauszublicken und individuelle Wege zu finden, Ihre Schmerzen zu umgehen, um sexuelle Lust mit Ihrem Partner oder Ihrer Partnerin zu erleben.

Wenn Sie bereit sind, Ihren Fokus vom Geschlechtsverkehr auf andere sinnliche und sexuelle Aktivitäten zu verlagern, setzen Sie sich mit Ihrem Partner oder Ihrer Partnerin zusammen, nehmen Stift und Papier zur Hand und schreiben getrennt voneinander die sexuellen Praktiken auf, die Ihnen Spaß machen. Vielleicht bevorzugen Sie bestimmte Arten der Berührung oder bestimmte Worte. Es ist völlig in Ordnung, mit kleinen Gesten der Zuwendung anzufangen, die mit Körperkontakt verbunden sind. Vielleicht baden Sie gern zusammen oder massieren sich gegenseitig. Nehmen Sie sich die Zeit, verschiedene nicht-penetrative Optionen in den Blick zu nehmen und zu entscheiden, was Sie beide mögen und sexuell stimulierend finden.

Diese sexuellen Aktivitäten können auch dann eine gute Lösung sein, wenn Sie beim Sex keine Schmerzen haben, es Ihnen aber schwerfällt, sich dazu »aufzuraffen«, weil sie total erschöpft sind oder unter physiologischen Veränderungen, zum Beispiel einer Erektionsstörung leiden. Wenn Sie unter chronischen Schmerzen leiden und mit den intimen Aktivitäten auf Ihrer Liste beginnen, werden Sie vielleicht feststellen, dass Sie Lust auf mehr machen. Wenn nicht, ist das okay. Allein die aktive Zuwendung ist eine Ermutigung, auch weiterhin an Ihrem Liebesleben zu arbeiten.

Lange Rede, kurzer Sinn

- *Nehmen Sie professionelle medizinische Hilfe in Anspruch, um das Thema Schmerzen beim Sex zur Sprache zu bringen.*
- *Angst vor sexuellen Aktivitäten kann die Schmerzen verschlimmern und einen Teufelskreis in Gang setzen.*
- *Gewöhnen Sie sich an, sich Ihre positiven sexuellen Erfahrungen in Erinnerung zu rufen.*
- *Erkunden und experimentieren Sie mit dem gesamten Spektrum der sexuellen Aktivitäten: Es muss nicht immer Geschlechtsverkehr sein.*

18
Gemeinsam Veränderungen einleiten

»Wie wäre es mit ein bisschen Fitnesstraining in meinem Schlafzimmer?«

»Dein Outfit würde auf unserem Schlafzimmer-Fußboden fantastisch aussehen.«

Ungeachtet dessen, wie Ihr Partner oder Ihre Partnerin beim Sex die Initiative ergreift – mit einem lockeren Anmachspruch oder einem unverhofften Ziehen am Arm, wenn Sie im Begriff sind, einzuschlafen –, sollten Sie sich bewusst machen, dass Ihre Reaktion wichtig ist. Wenn sich Ihr Schatz mit dieser Aufforderung zum Tanz aus dem Fenster lehnt und verletzlich macht, aber aufgrund Ihrer Schmerzen häufig einen Korb bekommt, kann das dazu führen, dass er sich zurückgewiesen, frustriert oder einsam fühlt.

Wenn sich Ihr Partner, Ihre Partnerin nicht begehrenswert fühlt

Menschen, die chronische Schmerzen oder Dyspareunie nicht aus eigener leidvoller Erfahrung kennen, scheinen beim Sex auf einem anderen Planeten zu leben. Wir vermutlich auch, wenn die Schmerzen nicht wären! Es überrascht wohl kaum, dass sich Spannungen in einer Beziehung aufbauen, wenn die sexuellen Annäherungsversuche aufgrund der Schmerzen ständig erfolglos verlaufen und das Liebesleben den Bach runtergeht. Diese Spannungen sind aber nicht nur einem Mangel an körperlicher Befriedigung oder einer Veränderung des Sexualverhaltens geschuldet. Sex ist mehr als eine physische Verbindung, nämlich eine Bindungserfahrung. Eine Zeit, in der ein Höchstmaß an emotionaler Nähe und Verbundenheit entstehen kann. Sex bietet die Chance, das menschliche Bedürfnis zu erfüllen, zu berühren und berührt zu werden, uns in einer Umarmung geborgen, gehalten und geliebt zu fühlen. Und nicht zu vergessen: Für Paare ist Sex eine Zeit, um Spiel, Entspannung und ein lustvolles Miteinander zu genießen, was den Einklang zwischen zwei Menschen fördert, die sich lieben.

Wenn Sex ein Problem für Sie darstellt, hilft es vielleicht, sich die positiven Aspekte auf der physischen und emotionalen Ebene vor Augen zu halten, die Ihre Paarbindung stärken, und sie durch mehr Erotik außerhalb des Schlafzimmers zu ergänzen, während Sie versuchen, das Problem mit den Schmerzen in den Griff zu bekommen.

Das tägliche Vorspiel

Eine hervorragende Gelegenheit, der Erotik mehr Raum zu geben, ist das Vorspiel, das Sie täglich auf Ihre Agenda setzen sollten. Bei dem Begriff Vorspiel denken wir oft rein automatisch an sexuell stimulierende Praktiken, die zum »Hauptgang«, dem Geschlechtsverkehr, führen. Aber wir müssen keine Turnübungen unter der Bettdecke machen, um das Vorspiel zu genießen. Das »tägliche Vorspiel« ist eine Strategie, mit der Sie Ihrem Partner oder Ihrer Partnerin jeden Tag aufs Neue zeigen können, dass Sie ihn oder sie begehrenswert finden. Sie bietet eine Gelegenheit, durch intime Berührungen und liebevolle Kommunikation sowohl Frust abzubauen als auch Lust zu bereiten und zu erfahren – und dabei mit unserer begrenzten Energie hauszuhalten.

Was die Berührungen betrifft, so sollten sie sinnlich sein. Falls Sie bei Ihnen zur Gewohnheit geworden sind, besteht Änderungsbedarf. Beim täglichen Vorspiel ist das Wie, Wo oder Wann und das Wie-lange wichtig. Um Ihr Energiepotenzial maximal auszuschöpfen, sollten Sie offen darüber sprechen, wo und wie Ihr Partner, Ihre Partnerin berührt werden möchte, oder Sie passen Ihre Streicheleinheiten seiner oder ihrer Reaktion an. Sie möchten ja sichergehen, dass der Austausch von Zärtlichkeiten jeden Tag stattfindet.

Fangen Sie außerdem damit an, Ihre Liebe auch verbal bewusster und häufiger zu kommunizieren. Beschließen Sie, die Bindung jeden Tag mit einer Liebeserklärung zu festigen. Ein Kompliment auszusprechen oder Wertschätzung zu bekunden ist ebenfalls ein guter Ausgangspunkt. Wenn Ihr Partner oder Ihre Partnerin Ihnen Arbeiten abnimmt, sagen Sie nicht einfach Danke, sondern fügen Sie hinzu, wie klasse Sie es finden, dass er oder sie Ihnen hilft. Nach und nach können Sie, um auch Ihre sexuelle Beziehung voranzubringen, Ihr Ziel punktgenauer ansteuern. Vielleicht trägt Ihre Partnerin an einem Tag ein Outfit, in dem sie besonders sexy aussieht – sagen sie ihr das. Und halten Sie jeden Tag nach einer Möglichkeit Ausschau, eine emotionale Highspeed-Verbindung herzustellen, mit einem langen Blickkontakt (mindestens 20 Sekunden). Legen Sie Ihr Handy einen Moment beiseite und schauen Sie einander in die Augen. Der Augen- oder Blickkontakt hat prägenden Einfluss auf die Entwicklung und den Erhalt einer Beziehung.

Wie bereits gesagt, erfordern diese Tipps wenig Energie. Sie mögen simpel klingen, aber lassen Sie sich nicht täuschen – sie können eine Beziehung auf eine völlig neue Basis stellen, wenn sie oft in die Praxis umgesetzt werden! Wenn Sie sich jeden Tag Zeit für diese einfachen und energieeffizienten Aktivitäten nehmen, stärken Sie liebevolle Gefühle, Akzeptanz und sexuelles Begehren. Wenn Sie nicht oft Sex haben, zu Ihrem eigenen Leidwesen oder dem Ihres Partners oder Ihrer Partnerin, kann das tägliche Vorspiel das Bedürfnis nach intimen Kontakten auf beiden Seiten befriedigen. Es ist ein wirkmächtiges Kommunikationsmittel, um dem Gegenüber zu zeigen, dass es geliebt wird, und ein hervorragender Baustein auf dem Weg zu sexueller Erfüllung.

Sex nach Plan

Jetzt stelle ich Ihnen eine der besten Strategien vor, die Sie bei chronischen Schmerzen nutzen können, um die drei weit verbreiteten Probleme in den Griff zu bekommen, die mit der sexuellen Intimität einhergehen. Bevor wir uns eingehender damit befassen, möchte ich dem ebenso weit verbreiteten *Mythos* auf den Grund gehen, guter Sex müsse immer spontan erfolgen. Die Definition von spontan lautet: *ungeplant, aus einem natürlichen inneren Antrieb oder Impuls heraus.*[75]

Bevor Sie beginnen, Argumente für die Bedeutung der Spontaneität zu sammeln, denken Sie bitte einen Moment über Ihre bisherigen sexuellen Erfahrungen nach. Seien wir doch mal ehrlich: Wer von uns hat ausschließlich spontanen, völlig ungeplanten Sex? Es ist interessant, dass Online-Artikel, die eine Lanze für den spontanen Sex zur Überwindung der Liebesflaute im Bett brechen, den Vorschlag machen, den Partner oder die Partnerin am Arbeitsplatz damit zu überraschen. Spontaner, ungeplanter Sex? Um an seinen oder ihren Arbeitsplatz zu gelangen (wenn kein Homeoffice angesagt ist), ist keinerlei Planung erforderlich? Spontan und ungeplant mag er sich für diejenigen anfühlen, die überrascht werden, aber bei denjenigen, die den Einfall hatten, kann davon keine Rede sein.

Ich bezweifle, dass spontaner Sex eine gute Idee ist, weil ich glaube, dass Menschen, die unter nicht vorhersehbaren Schmerzen leiden, mit geplanter Intimität besser zurechtkommen. Eine »Verabredung zu einem erotischen Date« erfordert nur, dass die Partner einen für beide günstigsten Zeitpunkt finden und ihre Termine aufeinander abstimmen.

Einen Zeitplan erstellen

Die Entwicklung eines Zeitplans setzt voraus, dass Sie gemeinsam den Tag und das Zeitfenster für Ihr erotisches Date festlegen. Das ist vor allem dann von Vorteil, wenn Sie aufgrund Ihrer Schmerzen und Ihres schwankenden Energieniveaus jede Aktivität in Ihrem Tages- und Wochenablauf einplanen müssen. Damit bauen Sie Spannungen angesichts der Ungewissheit ab, ob oder wann Sex stattfindet, und Sie können sich besser auf Ihr Date vorbereiten, zum Beispiel mit schmerzlindernden Aktivitäten (ein heißes Bad, Dehnübungen, Schmerzmedikamente, Ruhe und Entspannung), oder Sie greifen auf die Sinnlichkeitsliste zurück, die Sie angelegt haben.

Überraschungssex

Wenn Ihnen der Gedanke, Tag und Zeitfenster im Vorfeld genau festzulegen, unromantisch erscheint oder auf Ablehnung stößt (kommt sehr häufig vor, keine Sorge), können Sie sich vielleicht darauf einigen, eine Variante auszuprobieren: Überraschungssex. Sie verständigen sich nur darauf, wie oft Sie beide Sex haben möchten, und da Sie von chronischen Schmerzen betroffen sind, planen und ergreifen Sie die sexuelle Initiative, Ihrem aktuellen Gesundheitszustand entsprechend, innerhalb eines festgelegten Zeitraums statt an einem bestimmten Tag. Diese Methode beseitigt nicht alle Probleme, die mit dem Zeitpunkt für sexuelle Aktivitäten verbunden sind, kann aber Spannungen abbauen, weil Sie sich im Hinblick auf den Zeitrahmen einig sind. Überraschungssex kann ein guter Kompromiss sein, weil der genaue Zeitpunkt für Ihren Partner oder Ihre Partnerin nicht vorhersehbar ist und Ihnen die Möglichkeit bietet, das erotische Date am Ausmaß Ihrer Schmerzen festzumachen.

Befriedigung alternativer Bedürfnisse

Vielleicht denken Sie jetzt: »Verabredung zu einem erotischen Date? Klingt gut, aber was ist, wenn mein Bedürfnis nach Sex zum geplanten Zeitpunkt oder während des Zeitrahmens, auf den wir uns verständigt haben, immer noch gleich null ist?«

Das wird höchstwahrscheinlich vorkommen, aber das ist in Ordnung. Vielleicht möchten Sie sich darauf vorbereiten, indem Sie über alternative Bedürfnisse nachzudenken, die Ihnen viel bedeuten und Sie motivieren, auch weiterhin in Ihre Beziehung zu investieren. Bedürfnisse, die Interesse an mehr Nähe wecken, vielleicht sogar Lust auf Sex machen, Begehren auf beiden Seiten auslösen und sexuelle Befriedigung mit sich bringen.

Inzwischen lesen Sie eines der letzten Kapitel des Buches über den Aufbau einer starken und erfüllten Beziehung. Deshalb gehe ich davon aus, dass Sie das Bedürfnis nach einer leidenschaftlichen und langlebigen Beziehung haben, und wissen Sie was? Sex kann Sie dabei unterstützen! Die folgende Liste enthält alternative Bedürfnisse, die Sie vielleicht motivierend finden, falls die Libido ein Problem ist.

Nehmen Sie sich Zeit, um zu überlegen, was Sie sich in Ihrem tiefsten Innern für sich selbst, für Ihren Partner oder Ihre Partnerin und für Ihre Beziehung wünschen, und wie Sie diese Bedürfnisse durch mehr intime Momente erfüllen könnten. Werfen Sie einen Blick auf die Liste – welche sind für Sie wichtig und könnten das sexuelle Interesse fördern?

- physische Nähe spüren
- sich geliebt fühlen
- sich wertgeschätzt fühlen
- getröstet werden
- körperliche Anspannung abbauen
- Stress mindern
- Liebe zeigen
- Lust empfinden
- Zeit für Zweisamkeit haben
- Neues ausprobieren

Fortschritte dokumentieren

Wenn Sie damit beginnen, einen Kurswechsel einzuleiten, um frischen Wind in Ihr Sexleben zu bringen, ist es wichtig, die Veränderungen im Blick zu behalten, sämtliche Fortschritte genau zu verfolgen und jede positive Entwicklung zu feiern. Es kann eine Weile dauern, bis sich die ersten Fortschritte bemerkbar machen, das ist völlig in Ordnung. Dokumentieren Sie Ihre Reise Schritt für Schritt:

1. Ordnen Sie Ihr sexuelles Verlangen während der vergangenen Woche auf einer Skala von 0 bis 10 ein.
2. Ordnen Sie Ihre sexuelle Befriedigung auf einer Skala von 0 bis 10 ein.
3. Wie oft finden sexuelle Aktivitäten statt?

Fazit

Das Thema Sex finden Sie aus gutem Grund am Ende des Buches. Es umfasst alles bisher Gesagte. Die Tipps zur Verbesserung Ihrer Beziehung sind Strategien, die Ihrem Liebesleben gleichermaßen neue Impulse verleihen. Ein erfülltes Sexualleben und die Bereitschaft, sich in intimen Momenten verletzlich zu zeigen, hängt davon ab, wie sicher, angenommen und selbstbewusst Sie sich in Ihrer Partnerschaft fühlen. Wie Sie aus eigener Erfahrung wissen, gibt es viele reale und große Hindernisse, wenn Sie unter chronischen Schmerzen leiden, aber sie lassen sich überwinden.

Noch ein Wort zum Abschluss: Chronische Schmerzen können die Intimität verkomplizieren, läuten aber nicht das Ende lustvoller sexueller Aktivitäten ein. So wie Sie sind, sind Sie genau richtig, und Sie haben eine Liebe verdient, die in jeder Hinsicht befriedigend ist. Sie verfügen über das Handwerkszeug, mit dem Sie sich neue Wege zu sexueller Erfüllung erschließen können. Falls Sie zögern, weil Sie sich nicht begehrenswert, ungeliebt oder infolge von Verletzungen oder Groll zutiefst niedergeschlagen fühlen, halten Sie sich bitte vor Augen, dass irgendjemand den ersten Schritt machen und vorangehen muss. Ich weiß, dass Sie den Mut besitzen, doch wenn es Ihnen an Kraft mangelt, scheuen Sie sich bitte nicht, professionelle Unterstützung in Anspruch nehmen. Suchen Sie sich eine Person, die Sie auf Ihrem Weg begleitet, mit Ihnen gemeinsam nach Antworten sucht und einzuschätzen weiß, wie schwierig die Reise ist, auf der Sie sich befinden.

Lange Rede, kurzer Sinn

- *Sex ist ein starkes Band, das die emotionale Bindung festigt.*
- *Chronische Schmerzen beeinträchtigen das Liebesleben in einer Paarbeziehung.*
- *Sex muss nicht spontan erfolgen.*
- *Erforschen und kommunizieren Sie Ihre sexuellen Wünsche und Bedürfnisse.*
- *Überlegen Sie gemeinsam, wann die beste Zeit für Sex wäre, und ziehen Sie ein geplantes erotisches Date in Betracht.*
- *Mit dem »täglichen Vorspiel« zeigen Sie, dass Sie Ihren Partner oder Ihre Partnerin lieben und begehrenswert finden.*
- *Chronische Schmerzen signalisieren nicht das Ende lustvoller sexueller Aktivitäten.*

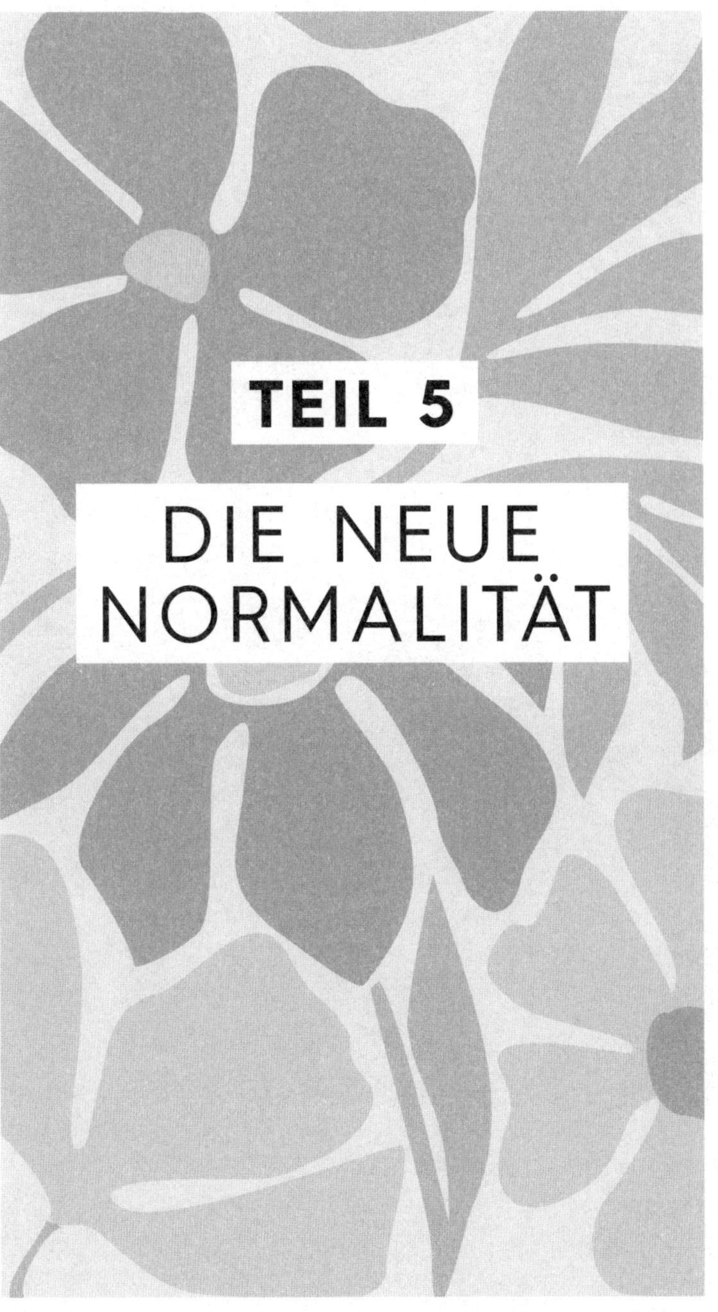

TEIL 5

DIE NEUE NORMALITÄT

19
Die Reise zu einer neuen Normalität

Während meiner Arbeit an diesem Buch nahm ich als Gast an einer Podiumsdiskussion in einer australischen Talkshow teil. Als ich bei der ersten Vorbesprechung gefragt wurde, welches Thema mich leidenschaftlich interessiert und als Erstes zur Sprache kommen sollte, entschied ich mich ohne zu zögern für die Reise zu einer neuen Normalität und die Frage, die mir häufig gestellt wurde: »Wie kann ich trotz der Schmerzen meine Lebensfreude bewahren?«

Wie sieht die neue Normalität aus?

Ich empfinde es als meine Berufung, Menschen dabei zu helfen, schwierige Lebenserfahrungen und -ereignisse zu bewältigen. Ich hoffe, dass Sie und alle, die physisch und emotional leiden, erkennen, dass sich Freude und Schmerz nicht gegenseitig ausschließen müssen. Ungeachtet Ihrer derzeitigen Situation ist ein zutiefst erfüllendes Leben möglich, wenn Sie entscheiden, was Eingang finden und sich in Ihrem Leben und in Ihrem Bewusstsein verankern soll. Sie haben die Macht, Ihre Zukunft zu gestalten, eine glanzvolle neue Normalität!

Die »neue Normalität« sieht für jeden Menschen anders aus, auch in einer Partnerschaft, aber sie baut auf den gleichen Grundelementen auf:

- Sie kennen Ihre persönlichen Wertvorstellungen und haben sich zum Ziel gesetzt, in Übereinstimmung mit ihnen zu leben.
- Sie kennen Ihren Lebenszweck und sehen den Sinn Ihres Lebens darin, Ihrer Berufung zu folgen.
- Sie haben eine Beziehung entwickelt, in der Sie sich gegenseitig unterstützen und offen über die individuellen Bedürfnisse und die Möglichkeiten austauschen, sie zu erfüllen.
- In der Zeit, die Sie mit Ihrem Partner, Ihrer Partnerin verbringen, stehen die positiven Aspekte im Fokus.

Schmerzen sind ein Geschenk

Bevor eine chronische Schmerzerkrankung bei mir diagnostiziert wurde, dachte ich selten darüber nach, ob sich meine täglichen Aktivitäten mit meinen Wertvorstellungen vereinbaren ließen. Sich darüber den Kopf zu zerbrechen, erübrigte sich. Wenn ich mich am Ende des Tages nicht ausgelastet fühlte, hatte ich immer noch genug Zeit und Energie, um den Feierabend produktiv zu nutzen, Projekte zu überdenken, die am nächsten Tag anstanden, oder die Laufschuhe anzuziehen und eine Strecke zu bewältigen, die mir das Gefühl gab, an diesem Tag etwas geleistet zu haben. Alles kein Problem, bis sich mein Leben änderte.

Wenn Ihre Aktivitäten durch chronische Schmerzen oder andere Gesundheitsprobleme eingeschränkt werden, ist es eine Herausforderung, das Leben so zu gestalten, wie Sie es sich wünschen. Sie sind gezwungen, zielgerichtet zu denken und zu handeln. Sich zu fragen: »Wie kann ich meine Energie, meine Zeit, meine finanziellen Möglichkeiten und meine Fähigkeiten und Fertigkeiten am besten nutzen?« Sie müssen sich neu sortieren – und genau deshalb sind Schmerzen ein Geschenk.

Mir ist klar, dass Sie diese Form der Positivität – die bewusste Entscheidung, die Aufmerksamkeit immer wieder gezielt auf das Positive in Ihrem Leben zu richten – vielleicht nervt, weil sie ein Klischee bedient, das mittlerweile total abgenutzt ist. Fortwährende Schmerzen gehören zu den schlimmsten Erfahrungen, die wir machen, wie kann man sie da als Geschenk betrachten? Zugegeben, sie stellen eine Herausforderung dar, aber sie bieten uns auch die einmalige Chance, bewusst und zielgerichtet mit unserer Energie und Zeit umzugehen.

Jede Bewegung und jede Aktivität fordern ihren Tribut. Ihre Ressourcen und Kapazitäten sind beschränkt, was bedeutet, Sie können es sich nicht leisten, den Tag unbedacht zu verschwenden, wenn Sie neben Ihren Schmerzen auch tiefe Freude erleben möchten. Wenn Sie Ihre begrenzte Energie nicht zielführend einsetzen, müssen Sie sich mit dem Gedanken vertraut machen, niemals die Erfüllung zu finden, die Sie suchen.

Zielgerichtetes Denken und Handeln ist der Schlüssel zu einer neuen, erfüllenden Normalität. Dieser zielgerichtete Umgang mit meiner Zeit und Energie hat mir ermöglicht, trotz meiner erheblichen Gesundheitsprobleme eines der führenden Unternehmen im Gesundheitssektor zu leiten, für meine Familie ein Zuhause zu schaffen, das Wachstum und Entwicklung fördert, dieses Buch zu schreiben, meinen Beitrag zu einer einzigartigen Beziehung zu leisten und nebenbei noch weitere spannende Projekte in Angriff zu nehmen.

Ein zutiefst erfülltes Leben ist auf zielgerichtetes Denken und Handeln zurückzuführen

Um zielgerichtet zu denken und zu handeln, müssen Sie zuerst einmal genau wissen, was Sie erreichen wollen. Da Sie das Buch über Schmerzen und Liebe fast zu Ende gelesen haben, nehme ich an, dass Sie sich eine tiefe und bedeutungsvolle Beziehung wünschen (ein großartiges Ziel!). Aber was ist mit den anderen Zielen, die Sie sich im Leben gesetzt haben? Haben Sie noch andere Wünsche und Träume? Und wenn ja, welche?

Leider lassen viele von chronischen Schmerzen Betroffene zu, dass ihre Träume (vor allem die großen, kühnen) von der Bildfläche verschwinden, genau wie die Erinnerungen, wie sich ein Leben ohne Schmerzen angefühlt hat. Nicht zu wissen, wie sich die hochgesteckten Ziele erreichen lassen, führt dazu, dass sie resignieren und niemals entdecken, dass es trotz der Schmerzen und Rückschläge möglich ist, nach den Sternen zu greifen. Wenn Sie sich in dieser Beschreibung wiedererkennen, möchte ich Sie ermutigen, Ihre großen Träume und Ziele im Blick zu behalten – die Reise, die vor Ihnen liegt, um sie zu verwirklichen, verläuft nur ein wenig langsamer als bei anderen, deren Gesundheit nichts zu wünschen übrig lässt.

Ich habe zum Beispiel ziemlich lange gebraucht, um dieses Buch zu schreiben. Viele Autoren und Autorinnen, die mit ihren Buchprojekten zur gleichen Zeit wie ich am Start waren, hatten sie längst erfolgreich abgeschlossen, während ich gerade mal die Hälfte geschafft hatte. An manchen Tagen redete mir meine innere kritische Stimme ein, dass es besser wäre, auf dem Boden der Tatsachen zu bleiben und meine Hoffnungen und Träume herunterzuschrauben. Es gibt viele Dinge, die wir aufgrund der Schmerzen akzeptieren müssen, aber die negativen inneren Monologe gehören definitiv nicht dazu. Vor allem, wenn sie darauf abzielen, uns mit Hinweisen auf unseren Gesundheitszustand von der Verwirklichung hochgesteckter Träume abzulenken oder uns von unserem selbst gewählten Weg abzubringen, weil wir nicht schnell genug vorankommen.

In diesem Sinne frage ich Sie also nochmals: »*Welche großen Ziele haben Sie sich in Ihrem Leben gesetzt?*« Nicht die Ziele, die Ihre Familie für Sie hat, oder die Ziele, von denen Sie glauben, Sie müssten sie den Menschen in Ihrem Umfeld zuliebe ansteuern. Wonach sehnen Sie sich in Ihrem tiefsten Innern, was würden Sie liebend gern tun, lernen, meistern oder erreichen? Würden Sie am liebsten Ihren Beruf an den Nagel hängen und noch einmal ganz neu durchstarten? Prima! Träumen Sie davon, ein Buch zu schreiben? Fantastisch! Vielleicht würden Sie ja gern ein eigenes Geschäft eröffnen, neue Fähigkeiten und Fertigkeiten erwerben oder die Beziehung zu Ihren Kindern, Verwandten oder Bekannten verbessern? Wenn Sie Ihr Ziel oder Ihre Ziele kennen – es spielt keine Rolle, wie viele es sind –, sollten Sie sich auf dem Weg dorthin von Ihren Wertvorstellungen leiten lassen (wenn Sie nicht genau wissen, welche es sind, kehren Sie noch einmal zum Abschnitt »Wertvorstellungen« im Kapitel 4 zurück). Wenn sich Ihre Ziele nicht wirklich mit Ihren Wertvorstellungen decken, nehmen Sie sich die Zeit, beides in Einklang zu bringen.

Warnung: Das Ergebnis könnte zu überwältigender Freude führen.

Entwickeln Sie einen Plan

Ich arbeite in meinem Berufs- und Privatleben mit einem Zielzyklus, der 90 Tage umfasst. Das machen viele, die eine Führungsposition bekleiden, dank der Anleitung von Vordenkern wie Verne Harnish in seinem Buch *Mastering the Rockefeller Habits: What you must do to increase the value of your growing firm*, oder Todd Herman, der das 90-Tage-Jahresprogamm entwickelt hat.[76] Ich habe mir ebenfalls angewöhnt, immer rückwärtszuplanen. Ich notiere das Ziel und unterteile es in drei Zwischenziele oder Meilensteine, die ich erreichen möchte, von denen jeder 30 Tage umfasst. Dann sehe ich mir meine monatlichen Meilensteine an und plane die wöchentlichen Aufgaben. Und genau das ist der Trick – mithilfe dieser Methode sehe ich nämlich, ob sie in meinen Terminkalender passen, nachdem ich meine Verpflichtungen, meine festen Verabredungen mit Johann und, ebenfalls wichtig, die Ruhezeiten in meinen Wochenplan eingetragen habe. Ich betrachte meinen Terminkalender aus der realistischen Perspektive. Wenn ich die wöchentlichen Aufgaben, die mich meinem Ziel näher bringen, nicht in meinen Terminkalender einbauen kann, *nachdem* ich die Zeit mit Johann und meine Ruhezeit eingerechnet habe, kehre ich zu meinem 90-Tage-Ziel zurück und passe es entsprechend an. Macht es Spaß, den Zeitrahmen zu erweitern, den ich mir gesetzt habe? Nein, es ist frustrierend. Aber wissen Sie, was Spaß macht? Zu erkennen, was ich alles gleichzeitig haben kann – eine tiefe, bedeutungsvolle Beziehung und das Gefühl des Wohlbefindens, das auf meine Selbstfürsorge und das Erreichen meiner persönlichen Ziele zurückzuführen ist. Vielleicht ergeht es Ihnen wie vielen Menschen, die ihre Zeit nicht zielgerichtet einteilen und feststellen, dass sie die Ruhezeit irgendwie in ihren Terminkalender hineinquetschen müssen, weil sie ihren Körper bis an die Belastungsgrenze getrieben haben. Ihr Leben gleicht einer Achterbahnfahrt, ein Teufelskreis aus Höhen und Tiefen, in dem die Schmerzen ihr Leben bestimmen und die langfristigen Ziele aufgrund der fortwährenden Überforderung aus dem Blickfeld geraten. Wenn Sie achtsam mit Ihrer Zeit umgehen, sich wertegeleitete Ziele setzen und einen Gang herunterschalten, um Ruhe-

und Paarzeit Raum zu geben, haben Sie das perfekte Erfolgsrezept gefunden, selbst wenn Schmerzen Ihre Pläne durchkreuzen (ich sagte, *wenn*, nicht falls).

Es kann hilfreich sein, vor Beginn jeder neuen Woche eine »Teamsitzung« mit Ihrem Partner oder Ihrer Partnerin abzuhalten, die Terminkalender durchzugehen, die anstehenden Aufgaben zu überprüfen und aufeinander abzustimmen. Damit geben Sie außerdem Ihre Absicht zu erkennen, kürzerzutreten, und legen offen, wann Ruhezeiten eingeplant sind, womit Sie unnötige Enttäuschungen oder Frust in Ihrer Beziehung vermeiden. Dazu kommt, dass Sie beide die Chance haben, gemeinsam und zielgerichtet daran zu arbeiten, wie und mit wem Sie die Woche verbringen.

Es ist gut, sich auch darüber auszutauschen, wie realistisch Ihre Ziele sind. Wenn Sie bei der Terminplanung vergessen, dass es in Ihrem Leben nicht nur gute, schmerzfreie Tage gibt, haben Sie vermutlich bald das Gefühl, dass Ihre Ziele vom Gewicht der Bettdecke brüchig werden, unter der Sie bei der nächsten Schmerzattacke Zuflucht suchen. Es ist einfacher, Ihrem Tagesplan Aufgaben hinzuzufügen, weil die Schmerzen erträglich sind, als Aufgaben zu streichen, weil die Schmerzen Sie schachmatt setzen. Das habe ich auf dem harten Weg gelernt.

Und noch etwas: Wenn Sie Ihre wöchentliche Lagebesprechung abhalten, sollten Sie lernen, auch einmal Nein zu sagen. Sie haben nicht genug Ressourcen, um sich zu verzetteln, wenn Sie Schmerzen haben. Das ist nicht förderlich auf Ihrem Weg zur Genesung. Um in einer Paarbeziehung hochgesteckte Ziele zu erreichen und tiefe Erfüllung zu finden, müssen Sie sich innerlich verpflichten, Ihre Pläne für den Alltag auf Ihre Wertvorstellungen abzustimmen und Ereignisse und Projekte gegen den Tribut abzuwägen, der Ihrem Körper dadurch abverlangt wird. Wenn Sie also nicht aus vollem Herzen »Ja, *unbedingt!*« sagen können, sollten Sie sich angewöhnen, Nein zu sagen.

Lange Rede, kurzer Sinn

- *Sie haben die Macht, eine neue Normalität zu schaffen, die Ihnen trotz der Schmerzen ein zutiefst erfülltes Leben ermöglicht.*
- *Der Weg zur neuen Normalität: Machen Sie sich Ihre Wertvorstellungen und Ihren Lebenszweck bewusst, versuchen Sie, die Bedürfnisse Ihres Partners oder Ihrer Partnerin zu verstehen, und vergewissern Sie sich, dass die Paarzeit einen positiven Fokus hat.*
- *Schmerzen können ein Geschenk sein.*
- *Gehen Sie zielgerichtet mit Ihrer Zeit und Energie um, denn das ist der Schlüssel zu einem erfüllten Leben.*
- *Lernen Sie, auch einmal Nein zu sagen, wenn es erforderlich ist.*

20
Wendemanöver und Kurswechsel

Ich bin mir ziemlich sicher, dass die meisten von Ihnen nicht erwartet haben, dass der Fokus der beiden letzten Kapitel auf dem Thema Zielsetzung liegt. Ich erkläre Ihnen mal kurz, warum das so ist. Bei meiner Suche nach praktischen Schritten, die zu einer starken und erfüllten Beziehung führen, hatte ich eine andere Registerkarte in meinem Bewusstsein geöffnet, die ständig nach Antworten auf die Frage suchte: Wie kann ich dem Leben trotz meiner Schmerzen Freude abgewinnen? Diese Frage stellen sich viele Partnerinnen und Partner, die unter chronischen Schmerzen leiden.

Ich stellte fest: Wenn wir die Aufmerksamkeit ständig auf die Verbesserung des Gesundheitszustands, die Akzeptanz der Schmerzen oder den Kampf fokussieren, den Tag irgendwie durchzustehen, ist es schwierig, von diesem Gedankenkarussell abzuspringen, nach vorn zu blicken und sich ein Leben auszumalen, in dem persönliches Wachstum und Entwicklung im Mittelpunkt stehen. Wenn wir dagegen ein Ziel haben, das weiter gefasst ist als die Linderung der Schmerzen, fällt es uns leichter, die Aufmerksamkeit umzulenken und den Weg zum Erfolg anzusteuern. Erfolg kann eine Erfahrung sein, die Freude und Befriedigung mit sich bringt. Aber nur dann, wenn Sie Erfolg in der richtigen Weise definieren. John C. Maxwells hat mit seinem Buch *3 Things Successful People Do. The road map that will change your life* mein Verständnis des Begriffs »Erfolg« vertieft und mir ermöglicht, trotz Schmerzattacken und mehrfachen Klinikaufenthalten mein Scherflein zu einer erfolgreichen und von Freude geprägten Beziehung beizutragen.

> *Erfolg bedeutet, den eigenen Lebenszweck zu kennen, zu wachsen, um das eigene Potenzial voll auszuschöpfen, und Wege zu bahnen, die anderen zugutekommen.*[77]

Hatten Sie jemals das Gefühl, dass die Schmerzen Sie daran hindern, erfolgreich zu sein? Ist Ihnen schon einmal der Gedanke gekommen, das könnte ein Trugschluss sein? Wenn Sie die wahre Bedeutung des Erfolgs erkannt haben – dass Erfolg keine Endstation ist, sondern ein Weg, auf dem Sie Ihrer wahren Bestimmung folgen, Ihr eigenes Potenzial bestmöglich ausschöpfen und anderen helfen, ihren Weg zu finden –, befreien Sie sich umgehend aus dem Hamsterrad der eigenen Erwartungen. Sie können auch während der Schmerzattacken, die Sie ans Bett fesseln, ein überwältigendes Gefühl des Erfolgs verspüren! Und die Ruhetage halten Sie ebenfalls nicht davon ab, erfolgreich zu sein. Es besteht keine Gefahr, im Wettrennen um Bestleistungen abgehängt zu werden. Weil es nämlich kein Wettrennen gibt! Wenn Sie sich diese Definition zu eigen machen, wird Ihnen bewusst, dass sich Ihr Potenzial jeden Tag verändert, abhängig von Ihren Schmerzen, und Sie sich auch unter der Bettdecke erfolgreich fühlen, Erfüllung und Freude genießen können, solange Sie Ihr übergeordnetes Ziel, Ihren wahren Lebenszweck, im Blick behalten. Aber Moment mal, könnten Sie jetzt einwenden. Was ist denn mein wahrer Lebenszweck?

Das ist eine wichtige Frage, die Sie sich selbst stellen müssen. Kennen Sie die einzigartige Gabe, die Sie mit der Welt teilen sollten, oder haben Sie Ihren Lebenszweck und vielleicht auch Ihre Fähigkeiten und individuellen Merkmale aus den Augen verloren, unter der Bürde Ihrer Schmerzen begraben? Den Sinn und Zweck des Lebens zu ergründen ist ein Prozess. Er erfordert Selbstreflexion, die Erforschung der Dinge, für die Sie brennen, und die Fähigkeit, die Bedürfnisse der Menschen in Ihrem sozialen Umfeld einzuschätzen. Es gibt verschiedene Möglichkeiten, ein sinnvolles Leben zu führen und das eigene Potenzial maximal zu entwickeln. Sie können unscheinbar oder spektakulär sein – zum Beispiel gesunde Mahlzeiten für die Familie zubereiten, damit die Kinder gute Gewohnheiten übernehmen, oder die nächste Tech-Firma gründen, die den Markt erobert. Ein gutes Verhältnis zu den Nachbarn aufbauen oder einen aktiven Beitrag zu einer nachhaltigen Zukunft leisten. Andere ermutigen, das eigene Team voranbringen oder Kunstwerke schaffen.

Keine Sorge, wenn Sie sich bisher noch keine Gedanken darüber gemacht haben, worin der Sinn und Zweck Ihres Lebens bestehen könnte. Das ist offenbar bei vielen Menschen der Fall. Der Karriereexperte, Autor und Radiomoderator Ken Coleman stellte fest, dass viele nicht wissen, wohin die Reise gehen soll, und rief die *Ken Coleman Show* ins Leben, einen beliebten Podcast, der Leuten hilft, ihre Berufung zu finden. Er erkundigt sich bei den Anrufern, wofür sie brennen, welche Fähigkeiten und Fertigkeiten sie besitzen und wen sie damit unterstützen möchten. Keine Ahnung, wofür Sie brennen? Fragen Sie Ihren Partner oder Ihre Partnerin, welche Themen Sie immer wieder anschneiden (abgesehen von Ihren Rückenschmerzen, meine ich) und überlegen Sie, wohin Ihre Gedanken gern abschweifen. Keine Ahnung, welche Fähigkeiten und Fertigkeiten Sie besitzen? Denken Sie an das, was Ihre Kolleginnen, Freunde, Verwandten und Bekannten am meisten an Ihnen schätzen. Was können Sie richtig gut? Glauben Sie mir, wenn ich behaupte: Menschen, die den Sinn und Zweck ihres Lebens kennen, üben eine magische Anziehungskraft auf andere aus. Und nicht nur das: Sie nutzen die Macht dieses Wissens, um sich selbst zu motivieren und ihre Schmerzen zu besiegen. Sie sind also gut beraten, wenn Sie sich auf die Suche nach dem Sinn und Zweck Ihres Lebens begeben. Widmen Sie Ihrer wahren Berufung Ihre Zeit und Energie, entwickeln oder schöpfen Sie Ihr Potenzial bestmöglich aus und helfen Sie anderen, ebenfalls zu wachsen. Wenn Sie Ihren Lebensweg daran ausrichten, werden sich Ihre Schmerzen bisweilen nebensächlich anfühlen, verglichen mit der Freude, die der Erfolg mit sich bringt.

Identität und Rollen

Ein Problem, mit dem Sie vielleicht zu kämpfen haben, wenn Sie über den Sinn und Zweck Ihres Lebens nachdenken, ist der Verlust eines Teils Ihrer Identität aufgrund Ihrer Schmerzerkrankung. Dieser Identitätsdiebstahl ist ein Trick, den die Schmerzen auf Lager haben, um uns die Party zu vermiesen. Glauben Sie mir, ich spreche aus eigener Erfahrung. Was können Sie also tun, wenn Sie bei jedem Gedanken an Ihre Zukunft daran erinnert werden, wie Sie früher waren und was sich aufgrund Ihrer Schmerzen verändert hat? Als Erstes möchte ich Ihnen sagen, wie leid es mir tut, dass Sie das alles durchmachen müssen. Ich fühle mit Ihnen – Sie haben das nicht verdient, niemand hat das verdient. Aber mit Kummer und Verlusten hat es eine interessante Bewandtnis. Die meisten Menschen denken, dass wir das Gefühl des Verlusts aufgrund von Krankheit oder Schmerzen irgendwann einmal überwunden haben sollten, nach dem Motto: Die Zeit heilt alle Wunden. Danach sollten wir uns aufrappeln und unser Leben fortsetzen. Doch so einfach ist das nicht (wie Sie sicher wissen). Der Kummer über das, was wir verloren haben, taucht im Leben immer wieder auf. Bestimmt werden Sie überall daran erinnert, was für ein Mensch Sie vor Beginn der Schmerzen waren, was Sie vorher alles tun konnten und worauf Sie infolge der Schmerzen verzichten müssen. Ich meide noch heute die Hauptstraße in meiner Heimatstadt, wenn dort der alljährliche Marathon stattfindet.

Wir sollten das Ausmaß des Verlusts nicht ignorieren, den wir aufgrund der Gesundheitsprobleme und chronischen Schmerzen hinnehmen müssen. Aber vielleicht hilft es Ihnen, auch wenn Sie noch nicht ganz dazu bereit sind, einen Schlussstrich unter Ihr altes Leben zu ziehen, schon einmal mit der Umgestaltung Ihrer neuen Normalität zu beginnen und die Schritte einzuleiten, die zur Entdeckung Ihrer neuen Identität mit neuen Rollen und Aufgabenbereichen führen. Diesen Prozess können Sie mit folgendem Wendemanöver unterstützen.

Verluste betrauern, dann Wendemanöver und Kurswechsel

Es gibt eine Aktivität, die ich Ihnen aufgrund ihrer Wirksamkeit nahelege: Dokumentieren Sie die Verluste, die Ihren Schmerzen geschuldet sind. Halten Sie schriftlich fest, wie Sie sich dadurch verändert haben, wie sie Ihre Beziehung, Ihre berufliche Laufbahn, Ihre finanzielle Situation, Ihre Ruhestandsplanung, Ihren Lebensstil und jeden Aspekt Ihres Lebens beeinträchtigen. (Wie bereits gesagt, Schmerz ist ein mieser Verräter! Sorgen Sie dafür, dass sich genug Taschentücher in Reichweite befinden.) Vielleicht ist es hilfreich, mit Ihrem Partner oder Ihrer Partnerin, einer anderen Bezugsperson oder im Rahmen einer Therapie über Ihre Verluste zu sprechen.

Danach schlagen Sie eine neue Seite auf und notieren diese vier Überschriften:

- berufliche Tätigkeit
- Familienrollen
- Freizeitaktivitäten
- Persönlichkeitsmerkmale

Das sind vier Teilbereiche unserer Identität.

Es ist verständlich, wenn sich Ihre Aufmerksamkeit immer wieder auf die Verluste fokussiert. Mir ist klar, dass Sie viele Dinge abschreiben mussten, die Ihnen wichtig waren. Aber Sie können es sich nicht leisten, Ihre Zeit damit zu verschwenden, endlos der Vergangenheit nachzutrauern – also Kopf hoch und nach vorn blicken, wenn Sie der Freude in Ihrem Leben den Weg bahnen wollen. Finden Sie heraus, wie Sie sich anpassen und auf einer tieferen Ebene verstehen können, was für ein Mensch Sie *jetzt* sind, Ihre Schmerzen eingeschlossen.

Alles klar? Es ist an der Zeit, mit der Arbeit zu beginnen und zu klären, was Sie alles tun können! Es ist an der Zeit, alle vorgefassten Ideen, wer Sie sein sollten, auszuhebeln und zu entscheiden, wer Sie sein können und was Ihnen Freude machen würde.

Etwas, was ich mir nie habe einreden lassen (und ich hoffe, Sie auch nicht), ist, dass es nur einen einzigen Weg zu einem erfüllten Leben gibt. Ich kenne Leute, die sich aufgrund dieser Überzeugung selbst zerstören. Sie können nicht loslassen, hängen in Gedanken immer wieder ihren Verlusten nach. Stattdessen ermutige ich mich selbst und heute auch Sie zu einem Wendemanöver und Kurswechsel. Wenn Schmerzen und Krankheit Ihren Weg blockieren, sollten Sie sich nicht in ein Häufchen Elend verwandeln, sondern sich Zeit nehmen und umlenken. Sie sollten einschätzen, welche Wege und Ressourcen Ihnen offenstehen, und eine andere Richtung einschlagen, die nach Ihrem Dafürhalten die zielführendste sein könnte. Wenn Sie mit Ihren Kräften am

Ende sind, gegen die Erschöpfung ankämpfen und Schmerzen haben, können Sie Ihre Energie und Ihre Ressourcen nicht damit verschwenden, der Vergangenheit nachzutrauern.

Ich habe in meiner beruflichen Laufbahn aufgrund der Schmerzen zweimal eine spektakuläre Kursänderung vollzogen, und heute kann ich mir nicht vorstellen, etwas anderes zu tun als ein einfühlsames Gesundheitsteam zu leiten, das sich der Betreuung von Schmerzpatientinnen und -patienten in unserer Community verschrieben hat, und Menschen wie Sie zu ermutigen, die ihre Partnerschaft nachhaltig verbessern wollen.

Also: Verluste betrauern, Wendemanöver und Kurswechsel.

Nehmen Sie die ersten vier Teilbereiche der Identität in den Blick, die Sie notiert haben: berufliche Tätigkeit, Familienrollen, Freizeitaktivitäten und Persönlichkeitsmerkmale. Und nun richten Sie Ihre Aufmerksamkeit in jedem einzelnen Bereich auf die Möglichkeiten, ein Wendemanöver und einen Kurswechsel einzuleiten. Wenn die Schmerzen Ihren Karriereweg verändert haben, werfen Sie einen Blick auf Ihre Fähigkeiten und Ressourcen, um in Ihrem Beruf wieder Fuß zu fassen oder ganz neue Tätigkeitsfelder in Betracht zu ziehen, die Ihnen mehr Spaß machen könnten. Überlegen Sie, welche Wertvorstellungen Sie in Ihren früheren Aufgabenbereich einbringen konnten, und denken Sie kreativ darüber nach, wie Sie diese wertegeleiteten Ziele heute auf andere Weise erreichen könnten. Dieser Weg mag völlig anders aussehen, aber er muss nicht weniger erfüllend sein. Fokussieren Sie sich auf das, was sich im beruflichen Bereich gut anfühlt und Ihre Lebensqualität verbessert.

Vermutlich hat sich auch in Ihren Rollen innerhalb Ihrer Familie oder Partnerschaft einiges verändert. Erinnern Sie sich noch an die Selbsthilfegruppe, die ich an früherer Stelle erwähnt habe? Ein weitverbreitetes Problem, das bei diesen Treffen immer wieder zur Sprache kam, war der Rollenwechsel in der Beziehung seit der Diagnose. Einige der Nichtbetroffenen mussten sich einen zweiten Job suchen, damit sich das Paar das Zuhause noch leisten konnte, andere mussten zusätzlich die Pflege oder einen Großteil der Aufgaben im Haushalt übernehmen, und auch der Versuch, immer eine positive Stimmung zu verbreiten, war anstrengend und oft schwer zu akzeptieren. Für die Partner und Partnerinnen, die erkrankt waren und unter chronischen Schmerzen litten, war der Verlust so vieler Rollen und Aufgaben in der Beziehung gleichermaßen hart.

Ich weiß, dass viele bedauern, sich nicht so aktiv in ihre Elternrolle einbringen zu können, wie sie es sich erhofft hatten. Das ist definitiv ein Anlass, traurig zu sein. Aber, liebe Eltern, blicken Sie nach vorn, leiten Sie ein Wendemanöver und einen Kurswechsel ein. Notieren Sie alle Möglichkeiten, die körperlich nicht zu anstrengend und trotz der Schmerzen zu bewältigen sind, um Ihren Kindern eine positive Lebenseinstellung mit auf den Weg zu geben, und fassen Sie den festen Entschluss, sich Zeit für diese Aktivitäten zu nehmen. Damit verbessern Sie Ihr Selbstwertgefühl und wirken der Neigung entgegen, den Dingen nachzutrauern, die vor Beginn der chronischen Schmerzen Teil Ihrer Persönlichkeit waren.

Denken Sie darüber nach, welche Rollen Sie in Ihrer Beziehung oder Familie ausfüllen könnten. Sie sollten Ihren Wertvorstellungen entsprechen und das Leben Ihres Partners oder Ihrer Partnerin bereichern. Sprechen Sie offen mit Ihren Lieben darüber, was ihnen wichtig ist, damit Sie sich auf die Rollen und Aufgabenbereiche mit der bestmöglichen positiven Auswirkung nicht nur für Sie, sondern für alle Beteiligten fokussieren können.

Schreiben Sie dann unter der Überschrift Freizeitaktivitäten alles auf, was Ihnen trotz der Schmerzen immer noch Spaß macht. Vielleicht können Sie nach wie vor Ihrem Hobby nachgehen, auch wenn leichte Anpassungen erforderlich sein sollten (sich zum Beispiel als Schiedsrichter zur Verfügung stellen, wenn Sie nicht mehr aktiv Tennis spielen oder an Turnieren teilnehmen können), oder Sie nehmen bei Wendemanöver und Kurswechsel ganz neue Freizeitbeschäftigungen in den Blick. Denken Sie darüber nach, was Ihnen an Ihrem früheren Hobby oder Ihren Hobbys am meisten Spaß gemacht hat, und halten Sie nach neuen Möglichkeiten Ausschau, diese Aspekte in Ihr Leben einzubringen. Ich war eine begeisterte Läuferin, weil ich draußen aktiv sein konnte und eine Herausforderung hatte, mit der ich meine Gesundheit fördern und gleichzeitig Stress abbauen konnte. Um zu verhindern, dass ich dem Verlust nachtrauere, achte ich auf eine gesunde Ernährung (ich habe gerade erst entdeckt, dass es gluten- und laktosefreie Donuts gibt, eine harte Prüfung für meine Selbstdisziplin!), befasse mich mit Projekten, die mich herausfordern, und habe ganz neue Strategien gefunden, um Stress zu bekämpfen. Außerdem gehe ich gern in Naturschutzgebieten und Wäldern spazieren, um die Bewegung im Freien auch weiterhin genießen zu können.

Der letzte Eintrag auf der Kurswechsel-Liste, die vor Ihnen liegt, sind die Persönlichkeitsmerkmale. Denken Sie an die Eigenschaften, die Sie kennzeichnen, von anderen unterscheiden und zu Ihrer Identität beitragen. Mag sein, dass Sie heute nicht mehr so unbeschwert sind wie früher. Das trifft zumindest auf mich zu (tut mir leid, Johann!), doch das mache ich mir nicht zum Vorwurf. Als Ausgleich sind Sie jetzt vielleicht einfallsreicher, mutiger oder stärker, nehmen mehr Rücksicht auf andere oder sind authentischer geworden. *Sie* entscheiden, wer Sie sein wollen und welche Gefühle Sie bei den Menschen hinterlassen möchten, mit denen Sie Zeit verbringen. Dieser Veränderungs- und Anpassungsprozess ist nicht nur Teil einer natürlichen Identitätsentwicklung, die einem ständigen Wandel unterliegt, sondern führt auch zu einer Verbesserung Ihres Selbstwertgefühls und einer Wiederbelebung

Ihrer sozialen Identität. Damit stärken Sie Ihre psychische Gesundheit, Ihre Resilienz und Ihre Hoffnungen für die Zukunft, womit Sie, was besonders wichtig ist, auch Ihre Beziehung auf ein neues Fundament stellen. Sie haben die Gelegenheit, der Welt und Ihrem Partner, Ihrer Partnerin zu zeigen, dass *Sie* und nicht die Schmerzen über Ihr Leben bestimmen. Darüber hinaus können Sie die Menschen, die Ihnen nahestehen, veranlassen, widrige Umstände ebenfalls als Wachstumschance, vielleicht sogar als Geschenk zu begreifen.

Lange Rede, kurzer Sinn

- *Trauern Sie um die Verluste, die Sie aufgrund Ihrer Gesundheitsprobleme hinnehmen mussten.*
- *Entwickeln und nutzen Sie Ihre Fähigkeiten: Setzen Sie sich Ziele, die Sie trotz der Anstrengung, Ihre Schmerzen in den Griff zu bekommen, erreichen können.*
- *Kurswechsel und Neuausrichtung: Leiten Sie einen Identitätswandel ein – erfinden Sie sich neu.*
- *Es ist völlig okay, wenn Sie nur langsam Fortschritte machen.*

Aufbruch zu neuen Ufern

Während unserer Europareise in unserem ersten Ehejahr hatte ich für Johann und mich eine Reise nach Österreich einschließlich einer siebentägigen Fahrradtour geplant. Ich fand einen Reiseführer mit Karten der Radwege, die uns zusagten, und wir fuhren los, in wenig schmeichelhaften Radlerhosen mit zwei Rucksäcken und einer Menge Brezeln im Gepäck. Wenige Stunden später hielten wir an … am Fuß eines steilen Berges.

Da ich keine geübte Radfahrerin war, rutschte mir das Herz in die Hose. Auf allen Fotos in meinem Reiseführer waren flach verlaufende Straßen abgebildet, was ideal für mich war, da sich meine Fahrpraxis auf die Nachbarschaft in meinem Heimatort beschränkte. Allem Anschein nach hatten wir uns irgendwo verfahren. Doch der einzige Reiseführer mit Radtouren in der Gegend, den wir zusätzlich hatten auftreiben können, war in deutscher Sprache abgefasst. Wir standen eine Weile am Fuß des Berges und sprachen alle Einheimischen an, baten um Hilfe, um die Informationen im Reiseführer zu entschlüsseln und auf den richtigen Weg zurückzufinden. Die schlechte Nachricht war, dass wir uns auf dem richtigen Weg befanden und der Berg, dem wir uns gegenübersahen, einer der niedrigsten war, die wir im Verlauf der nächsten Woche hinaufstrampeln mussten. Die Tagesstrecke, die ich geplant hatte, umfasste das Alpenvorland, und wie sich herausstellte, waren die kleinen Pfeile in dem deutschsprachigen Reiseführer keine Wegweiser, sondern zeigten die Höhe der Berge an. Oh nein! Jeder Tag erwies sich als Herausforderung. Ich war mehr als einmal in Tränen aufgelöst und Johann schulterte meinen Rucksack jedes Mal, wenn es steil bergauf ging. Einer der Hauptgründe, warum ich die Tortur durchstand, war Johanns Ermutigung. Am Ende der Tour, als wir den letzten Berg bezwungen hatten (dachten wir zumindest), sahen wir uns einem weiteren, allerletzten Berg gegenüber. Johann sprang von seinem Rad ab, erklärte, er sei fix und fertig, und ich hatte die Gelegenheit, mich zu revanchieren und ihm Mut zu machen, auch noch die tatsächlich letzte Hürde in Angriff zu nehmen, hinter der sich unser Ziel befand, eine kleine Stadt.

Trotz der Kämpfe, die uns diese Radtour abverlangte, schafften wir es jeden Tag, uns auf eine der Wiesen neben den Radwegen zu setzen, wenn sie ein wenig flacher verliefen, die idyllische Umgebung und unser Beisammensein zu genießen. Eigentlich waren wir echte Glückspilze! Wir hatten uns gemeinsam auf dieses Abenteuer eingelassen und unser Ziel trotz aller Mühen schließlich doch noch erreicht, weil wir in der Lage waren, über die Herausforderungen der einzelnen Wegstrecken hinauszublicken und uns auf das Endziel zu fokussieren, das wir erreichen wollten.

Alles klar? Dieses Buch ist ein Reiseführer, aber in einer Sprache, die Ihnen geläufig ist. Sie befinden sich mit Ihrem Partner oder Ihrer Partnerin und Ihren chronischen Schmerzen auf einem Weg, an dem es viele Hürden zu überwinden gilt. Machen Sie sich darauf gefasst, dass es Momente geben wird, in denen Sie innehalten und sich fragen, wie Sie die Reise durchstehen, sie genießen und trotz der Schmerzen Freude empfinden können. Um sie gemeinsam fortzusetzen und voranzukommen, sollten Sie sich die Zeit nehmen, Ihre Aufmerksamkeit auf Ihren Weggefährten oder Ihre Gefährtin und auf das Gute, Positive in Ihrem Leben zu richten. Die Herausforderungen, denen Sie sich beide gegenübersehen, lassen sich leichter bewältigen, wenn Sie den Blick auf das übergeordnete Bild richten – das Ende der Reise, das Ziel: eine starke und erfüllte Beziehung, die in jeder Hinsicht bemerkenswert ist.

Von Herzen und mit Schmerzen,
Ihre Karra

Dank

Während der Arbeit an diesem Buch erhielt ich Chancen, die ich als großes Geschenk empfand, und fachliche Unterstützung von Menschen, bei denen ich mich auf diesem Weg zutiefst bedanken möchte.

Herzlichen Dank an Gareth St John Thomas, Anouska Jones und Alison Worrad von Exisle Publishing. Ich weiß das Ja zur Veröffentlichung des Buches, die Begeisterung für das Manuskript und die Leidenschaft zu schätzen, mit der Sie Geburtshilfe geleistet haben. Damit haben Sie allen, die unter chronischen Schmerzen leiden und in einer Partnerschaft leben, Hoffnung gegeben.

Mein Dank geht an Kafren Gee, Sally Wolfe und Melanie Votaw, die mich mit Herzlichkeit, Geduld und einer brillanten Textaufbereitung empfingen, als ich zum ersten Mal ihre Welt, die Welt der Worte, betrat. Und an Sally Shepherd und Dave Moen für die sachkundigen Rückmeldungen zu bestimmten Passagen des Buches. Sie haben mir Seelenfrieden verschafft.

Jede Seite in einem Buch geht mit einem Moment einher, den wir nicht mit den Menschen verbracht haben, die uns nahestehen. Jedes Jahr mit chronischen Schmerzen geht aber auch mit einer kaum merklichen Veränderung der eigenen Persönlichkeit einher. Deshalb danke ich euch, Mum, Dad (abstinent und geliebt), Leana, Nathan, meiner Familie, Freundinnen und Freunden, die mir die Möglichkeit, Zuwendung und Ermutigung gaben, meine neue, in Büchern verborgene Normalität zu entdecken.

Und schließlich danke ich, mit überwältigender Liebe, meinem Mann Johann und Sohn Joshua. Johann, du bist wundervoll in jeder Hinsicht und ein traumhafter Ehemann. Ich weiß zu schätzen, was du tust, um unsere Möglichkeiten bestmöglich auszuschöpfen. Joshua, deine Lebenslust ist ansteckend. Die Freude, die du mir machst, ist meine Antriebskraft, die mich auf meinem Weg zu einem bemerkenswerten, erfüllten Leben voranbringt, das dir hoffentlich auch einmal vergönnt sein wird, ungeachtet der jeweiligen Umstände.

Anmerkungen

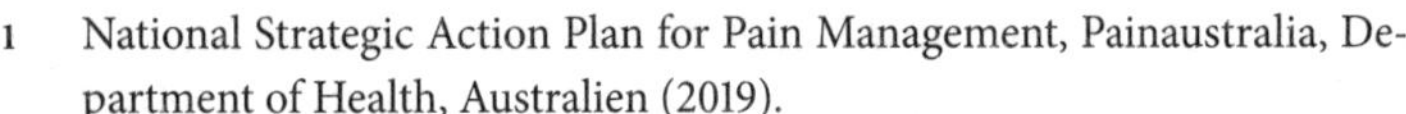

1 National Strategic Action Plan for Pain Management, Painaustralia, Department of Health, Australien (2019).

2 Deutsche Schmerzgesellschaft e. V. www.schmerzgesellschaft.de/fileadmin/pdf/Aktionstag-Zahlen-Fakten.pdf (zuletzt abgerufen am 12. Juli 2023).

3 Cano, A., Corley, A. M., Clark, S. M., und Martinez, S. C., »A couple-based psychological treatment for chronic pain and relationship distress«, in *Cognitive and Behavioral Practice*, Nr. 25(1), (2008), S. 119–34, https://doi.org/10.1016/j.cbpra.2017.02.003 (zuletzt abgerufen am 12. Juli 2023).

4 Robles, T. F., »Marital quality and health: Implications for marriage in the 21st century«, in *Current Directions in Psychological Science*, Nr. 23(6), (2014), S. 427–32. doi:10.1177/0963721414549043. August, K., Kelly, C., und Markey, C., »Marriage, Romantic Relationships, and Health«, in *Encyclopedia of Psychisch Health* Nr. 3, (2016), doi:10.1016/B978-0-12-397045-9.00074-4.

5 Gottman, J. M., *Die sieben Geheimnisse der glücklichen Ehe*, Ullstein, Berlin 2011.

6 https://stevemaraboli.net/ (zuletzt abgerufen am 12. Juli 2023).

7 National Health Interview Survey, Centers for Disease Control and Prevention (2019).

8 Fayaz, A., Croft, P., Langford, R. M., et al., »Prevalence of chronic pain in the UK: A systematic review and meta-analysis of population studies«, in *BMJ Open* (2016) 6:e010364, doi:10.1136/bmjopen-2015-010364.

9 Pereira, F. G., França, M. H., Paiva, M., Andrade, L. H., und Viana, M. C., »Prevalence and clinical profile of chronic pain and its association with psychisch disorders«, in *Revista de Saude Publica*, Nr. 51,96 (2017), doi:10.11606/S15188787.2017051007025.

10 Deutsche Schmerzgesellschaft e. V. www.schmerzgesellschaft.de/fileadmin/pdf/Aktionstag-Zahlen-Fakten.pdf (zuletzt abgerufen am 12. Juli 2023).

11 Butler, D. S., und Moseley, G. L., *Explain Pain*, Noigroup Publications, Adelaide 2003.

12 Butler, D. S., und Moseley, G. L. (2003).

13 Abaci, P., *Conquer Your Chronic Pain: A life-changing, drug-free approach for relief, recovery, and restoration*, Red Wheel/Weiser, Newburyport, MA 2016. Nagoski, E. und Nagoski A., *Stress: Warum Frauen leichter ausbrennen und was wir für sie tun können,* Kösel, München 2019.

14 »Value«, 10. Mai 2020, unter www.merriam-webster.com/dictionary/value (zuletzt abgerufen am 12. Juli 2023).

15 Gottman, J. M., *Die sieben Geheimnisse der glücklichen Ehe*, Ullstein, Berlin 2011.

16 Chapman, G.D., *Die fünf Sprachen der Liebe. Wie Kommunikation in der Partnerschaft gelingt,* Francke Buch, Marburg 2019.

17 Unter www.5lovelanguages.com gibt es ein Online-Quiz zu den fünf Sprachen der Liebe (zuletzt abgerufen am 12. Juli 2023).

18 Hendrix, H., und LaKelly Hunt, H., *Making Marriage Simple: 10 truths for changing the relationship you have into the one you want*, Harmony Books, New York 2013.

19 Gottman, J. M., *Die sieben Geheimnisse der glücklichen Ehe*, Ullstein, Berlin 2011.

20 Johnson, S. M., *The Practice of Emotionally Focused Couple Therapy*, Brunner-Routledge, New York 2004. Johnson, S. M., und Greenberg, L. S., »The differential effects of experiential and problem solving interventions in resolving marital conflict«, in *Journal of Consulting and Clinical Psychology*, Nr. 53, (1985), S. 175–184.

21 Greenman, P., und Johnson, S. M., »Process research on emotionally focused therapy (EFT) for couples: Linking theory to practice«, *Fam. Proc*, März 2013, Band 52.

22 Johnson, S., *Halt mich fest. Emotionsfokussierte Therapie in der Praxis*, Junfermann, Paderborn 2011.

23 Johnson, S., (2011).

24 Vivekanantham A., Campbell P., Mallen C. D., und Dunn K. M., »Impact of pain intensity on relationship quality between couples where one has back pain«, in *Pain Med*, Nr. 15(5), (2014), S.832–841, doi:10.1111/pme.12366. Sheng, J., Liu, S., Wang, Y., Cui, R., und Zhang, X., »The link between depression and chronic pain: Neural mechanisms in the brain«, in *Neural Plasticity* Nr. 9724371, (2017), doi.org/10.1155/2017/9724371. Surah, A., Baranidharan, G., und Morley, S., »Chronic pain and depression«,

in *Continuing Education in Anaesthesia Critical Care & Pain* Nr. 14(2), (2014), S. 85–89, doi:10.1093/bjaceaccp/mkt046. Geisser, M., Cano, A., und Leonard, M., »Factors associated with marital satisfaction and mood among spouses of persons with chronic back pain«, in *The Journal of Pain: Official journal of the American Pain Society*, Nr. 6, (2005) S. 518–525, doi:10.1016/j. jpain.2005.03.004. Cano, A., Gillis, M., Heinz, W., Geisser, M., und Foran, H., »Marital functioning, chronic pain, and psychological distress«, in *PAIN*, Nr. 107(1–2), Januar 2004, S. 99–106, doi: 10.1016/j. pain.2003.10.003.

25 Noel, M., Groenewald, C. B., Beals-Erickson, S. E., Gebert, J. T., und Palermo, T. M., »Chronic pain in adolescence and internalizing psychisch health disorders: A nationally representative study«, in *PAIN*, Nr. 157(6), Juni 2016, S. 1333–1338, doi: 10.1097/j.pain.0000000000000522. Bair, M., Robinson, R., Katon, W., und Kroenke, K., »Depression and pain comorbidity: A literature review«, in *Archives of Internal Medicine*, Nr. 63, (2003), S. 2433–2445. Banks, S. M., und Kerns, R. D., »Explaining high rates of depression in chronic pain: A diathesis-stress framework«, in *Psychological Bulletin*, Nr. 119 (1996), S. 95–110, doi:10.1037/0033–2909.119.1.95. Cano, A., Gillis, M., Heinz, W., Geisser, M., und Foran, H., »Marital functioning, chronic pain, and psychological distress«, in *PAIN*, Nr. 107(1–2), Januar 2004, S. 99–106, doi: 10.1016/j. pain.2003.10.003.

26 Gureje, O., Simon, G., und Von Korff, M., »A cross-national study of the course of persistent pain in primary care«, in *PAIN*, Nr. 92(1–2), (2001), S. 195–200.

27 Gerrits, M. M., Vogelzangs, N., van Oppen, P., van Marwijk, H. W., van der Horst, H., et al., »Impact of pain on the course of depressive and anxiety disorders«, in *PAIN*, Nr. 153 (2), Februar 2012, S. 429–436. Sheng, J., Liu, S., Wang, Y., Cui, R., und Zhang, X., »The link between depression and chronic pain: Neural mechanisms in the brain«, in *Neural Plasticity* Nr. 9724371, (2017), doi.org/10.1155/2017/9724371. Surah, A., Baranidharan, G., und Morley, S., »Chronic pain and depression«, in *Continuing Education in Anaesthesia Critical Care & Pain* Nr. 14(2), (2014), S. 85–89, doi:10.1093/bjaceaccp/mkt046.

28 American Psychiatric Association, *Diagnostic and Statistical Manual of Psychisch Disorders*, fünfte Auflage, Arlington, VA 2013.

29 Vivekanantham A., Campbell P., Mallen C. D., und Dunn K. M., »Impact of pain intensity on relationship quality between couples where one has back pain«, in *Pain Med*, Nr. 15(5), (2014), S.832–841, doi:10.1111/pme.12366.

30 Cantopher, T., *Depressive Illness: The curse of the strong*, Sheldon Press, London, 2012 (hier ins Deutsche übertragen von der Übersetzerin).

31 Gureje, O., »Comorbidity of pain and anxiety disorders«, in *Psychiatry Rep*, Nr. 10(4), August 2008, S. 318–322.
32 Burston, J. J., Valdes, A. M., Woodhams, S. G., et al., »The impact of anxiety on chronic musculoskeletal pain and the role of astrocyte activation«, in *PAIN*, Nr. 160, (März 2019), S. 3, 658–669, doi: 10.1097/j.painm.0000000000000144. Davis, M. Thummala, K., und Zautra, A., »Stress-related clinical pain and mood in women with chronic pain: Moderating effects of depression and positive mood induction«, in *Annals of Behavioral Medicine: A publication of the Society of Behavioral Medicine*, Nr. 4, (2014) doi: 10.1007/s12160-013-9583-6. Zhang, H. Y., Lin E. H., et al., »Psychisch disorders among persons with arthritis: Results from the World Psychisch Health Surveys«, in *Psychological Medicine*, Nr. 38(11), (2008), S. 1639–1650.
33 Demyttenaere, K., Bruffaerts, R., und Lee, S., et al., »Psychic disorders among persons with chronic back or neck pain: Results from the World Psychisch Health Surveys«, in *PAIN*, Nr. 129, (2007), S. 332–342.
34 McWilliams, L. A., Cox, B. J., und Enns, M. W., »Mood and anxiety disorders associated with chronic pain: An examination in a nationally representative sample«, in *PAIN*, Nr. 106(1–2), (2003), S.127–133, November, doi.org/10.1016/S0304-3959(03)00301-4.
35 Brennstuhl, M., Tarquinio, C., und Montel, S., »Chronic pain and PTSD: Evolving views on their comorbidity«, in *Perspectives in Psychiatric Care*, Nr. 51, (2014) S. 295–304, 10.1111/ ppc.12093.
36 Goldberg, R. T., Pachas, W. N., und Keith D., »Relationship between traumatic events in childhood and chronic pain«, in *Disabil Rehabil*, January, Nr. 21(1), (1999), S. 23–30, doi: 10.1080/096382899298061. PMID: 10 070 600. Walker, E. A., Keegan, D., Gardner, G., Sullivan, M., Bernstein, D., und Katon, W. J., »Psychosocial factors in fibromyalgia compared with rheumatoid arthritis: II sexual, physical, and emotional abuse and neglect«, in *Psychosomatic Medicine*, November/December, Nr. 59 (6), (1997), S. 572–577.
37 Goldberg, R. T., Pachas, W. N., und Keith D., »Relationship between traumatic events in childhood and chronic pain«, in *Disabil Rehabil*, January, Nr. 21(1), (1999), S. 23–30, doi:10.1080/096382899298061. PMID: 10 070 600.
38 Heim, C., Wagner, D., Maloney, E., et al., »Early adverse experience and risk for chronic fatigue syndrome: Results from a population-based study«, in *Arch Gen Psychiatry*, November, Nr. 63(11), (2006), S. 1258–1266.
39 Giummarra, M. J., Casey, S. L., Devlin, A., et al., »Co-occurrence of posttraumatic stress symptoms, pain, and disability 12 months after trauma-

tic injury«, in *PAIN Reports*, Nr. 2(5), September/Oktober, (2017), S. e622, doi:10.1097/PR9.0000000000000622.

40 James, O., *They F*** You Up: How to survive family life*, Marlowe & Co., New York, 2006.

41 Elman, I., und Borsook, D., »Threat response system: Parallel brain processes in pain vis-à-vis fear and anxiety«, in *Frontiers in Psychiatry*, Nr. 9, (2018), doi.org/10.3389/fpsyt.2018.00029.

42 Beck, Aaron T., *Kognitive Therapie der Depression*, Beltz, Weinheim 2010.

43 Burns, D., *Feeling Good. Depressionen überwinden, Selbstachtung gewinnen*, Junfermann, München 2006.

44 Maxwell, J. C., *No Limits. Blow the CAP off your capacity*, Center Street 2018. Nachdruck mit Genehmigung von Center Street, Imprint der Hachette Book Group, Inc. Übersetzt hier von der Übersetzerin.

45 Neff, K., *Kraftvolles Selbstmitgefühl für Frauen. Klar für sich selbst einstehen, engagiert handeln und Erfüllung finden*, Kailash, München 2022.

46 Purdie, F., und Morley, S., »Compassion and chronic pain«, in *PAIN*, Nr. 157(12), December 2016, S. 2625–2627. Costa, J., und Pinto-Gouveia, J., »Acceptance of pain, self-compassion and psychopathology: Using the Chronic Pain Acceptance Questionnaire to identify patients' subgroups«, in *Clinical Psychology & Psychotherapy*, Nr. 18, (2011), S. 292–302, 10.1002/cpp.718.

47 Purdie, F., und Morley, S., »Compassion and chronic pain«, in *PAIN*, Nr. 157(12), December 2016, S. 2625–2627.

48 Kaufman, S. B., Greenberg, S., und Cain, S., »Which character strengths are most predictive of wellbeing«, in *Scientific American*, 2. August 2015.

49 Gordon, A. M., Impett, E. A., Kogan, A., Oveis, C., und Keltner, D., »To have and to hold: Gratitude promotes relationship maintenance in intimate bonds«, in *Journal of Personality and Social Psychology*, Nr. 103 (2), (2012,) S. 257–274, doi: 10.1037/a0028723.

50 Koo, M., Algoe, S. B., Wilson, T. D., und Gilbert, D. T., »It's a wonderful life: Mentally subtracting positive events improves people's affective states, contrary to their affective forecasts«, in *Journal of Personality and Social Psychology*, Nr. 95(5), (2008), S.1217–1224, doi:10.1037/a0013316.

51 Harris, R., *Raus aus der Glücksfalle*, Kösel, München 2014.

52 Rodski, S., *The Neuroscience of Mindfulness*, HarperCollins, Sydney 2019.

53 McCracken, L. M., und Vowles, K. E., »Acceptance and Commitment Therapy and mindfulness for chronic pain: Model, process, and progress«, in *American Psychologist*, Nr. 69, (2014), S. 178–187. Scott, W., und McCracken, L. M., »Psychological flexibility, Acceptance and Commitment

Therapy, and chronic pain«, *Current Opinion in Psychology*, 2. April 2015, S. 91–96. Vowles, K. E., und Thompson, M., »Acceptance and Commitment Therapy for chronic pain«, in McCracken, L. M. (Hrsg.), *Mindfulness and Acceptance in Behavioral Medicine: Current theory and practice*, New Harbinger Publications, Oakland, CA 2011, S. 31–60.

54 Mathieu, F., *The Compassion Fatigue Workbook: Creative tools for transforming compassion fatigue and vicarious traumatization*, Taylor & Francis Group, Routledge, New York 2012.

55 Goleman, D., 1997, *EQ. Emotionale Intelligenz*, dtv, München 1997.

56 Goleman, D., 1997.

57 Goleman, D., 1997.

58 Forleo, M., *Everything is Figureoutable*, Penguin, London 2019.

59 Dorner, T. E., Stronegger, W. J., Rebhandl, E., Rieder, A., und Freidl, W., »The relationship between various psychosocial factors and physical symptoms reported during primary-care health examinations«, in *Wiener Klinische Wochenschrift*, Nr, 122(3–4), Februar, 2010, S. 103–109.

60 Pieber, K., Stein, K. V., Herceg, M., Rieder, A., Fialka-Moser, V., und Dorner, T. E., »Determinants of satisfaction with individual health in male and female patients with chronic low back pain«, in *Journal of Rehabilitation Medicine*, July, Nr. 44(8), (2012), S. 658–663.

61 Ambler, N., Williams, A., Hill, P., Gunary, R., und Cratchley, G., »Sexual difficulties of chronic pain patients«, in *Clinical Journal of Pain*, Nr. 17, (2001), S. 138–145, doi: 10.1097/00002508- 200 106 000–00006.

62 Khnaba, D., Rostom, S., Lahlou, R., Bahiri, R., Abouqal, R., und Hajjaj-Hassouni, N., »Sexual dysfunction and its determinants in Moroccan women with rheumatoid arthritis«, in *Pan Afr Med J*, Nr. 24(16), (2016); http://doi:10.11604/pamj.2016.24.16.9081.

63 Aubin, S., Berger, R. E., Heiman, J. R., und Ciol, M. A., »The association between sexual function, pain, and psychological adaptation of men diagnosed with chronic pelvic pain syndrome type III«, in *Journal of Sex Medicine*, Nr. 5(3), (2008), doi: 10.1111/ j.1743–6109.2007.00736.

64 Archer, J., und Lloyd, B. J., *Sex and Gender*, Cambridge University Press, Cambridge 2002, S. 85–88.

65 King, R., *Where Did My Libido Go? Getting your sex life back on track*, Ebury, Sydney 2010.

66 Nagoski, E., *Komm, wie du willst*, Knaur, München 2017.

67 Holloway, V., und Wylie, K., »Sex drive and sexual desire«, in *Curr Opin Psychiatry*, November, Nr. 28(6), (2015), S. 424–429. doi:10.1097/YCO.0000000000000199.

68 Nagoski, E., und Nagoski, A., *Burnout. The secret to unlocking the stress cycle*, Ballantine Books 2019.

69 Slepian, M. L., Ferber, S. N., Gold, J. M., und Rutchick, A. M., »The cognitive consequences of formal clothing«, in *Social Psychological and Personality Science*, Nr. 6(6), (2015), S. 661–668. doi: 10.1177/1948550615579462.

70 World Health Organization (WHO), International Classification of Functioning, Disability and Health (ICF), 2001.

71 Ussher, J. M., Perz, J., Gilbert, E., W. K., Tim Wong, W. K. T., und Hobbs, K., »Renegotiating sex and intimacy after cancer: Resisting the coital imperative«, in *Cancer Nurs*, Nr. 36(6), (2013), S. 454–462. Gilbert, E., Ussher, J. M., und Perz, J., »Renegotiating sexuality and intimacy in the context of cancer: The experiences of carers«, in *Archives Of Sexual Behavior*, Nr. 39(4), (2010), S. 998–1009, https://doi.org/doi:10.1007/s10508-008-9416-z. 2010 (zuletzt abgerufen am 12. Juli 2023).

72 Goldstein, A., Pukall, C., und Goldstein, I., *When Sex Hurts: A women's guide to banishing sexual pain*, Da Capo Lifelong Books, Cambridge, MA 2011.

73 Goldstein, A., Pukall, C., und Goldstein, I., (2011).

74 Tepper, M., *Regain that Feeling. Secrets to sexual self-discovery*, Create Space, North Charleston, SC. 2015.

75 »Spontaneous«, *Cambridge International Dictionary of English*, Cambridge University Press, Cambridge 1995.

76 Harnish, V., *Mastering the Rockefeller Habits*, Gazelles Inc, New York 2002. Herman, T., 90 Day Year program, www.90dayyear.com (zuletzt abgerufen am 12. Juli 2023).

77 Maxwell, J. C., *3 Things Successful People Do: The road map that will change your life*, HarperCollins Leadership, Nashville 2016.